Dieses Notizbuch gehört

______________________________

MO

DATUM:

DI

DATUM:

MI

DATUM:

DO

DATUM:

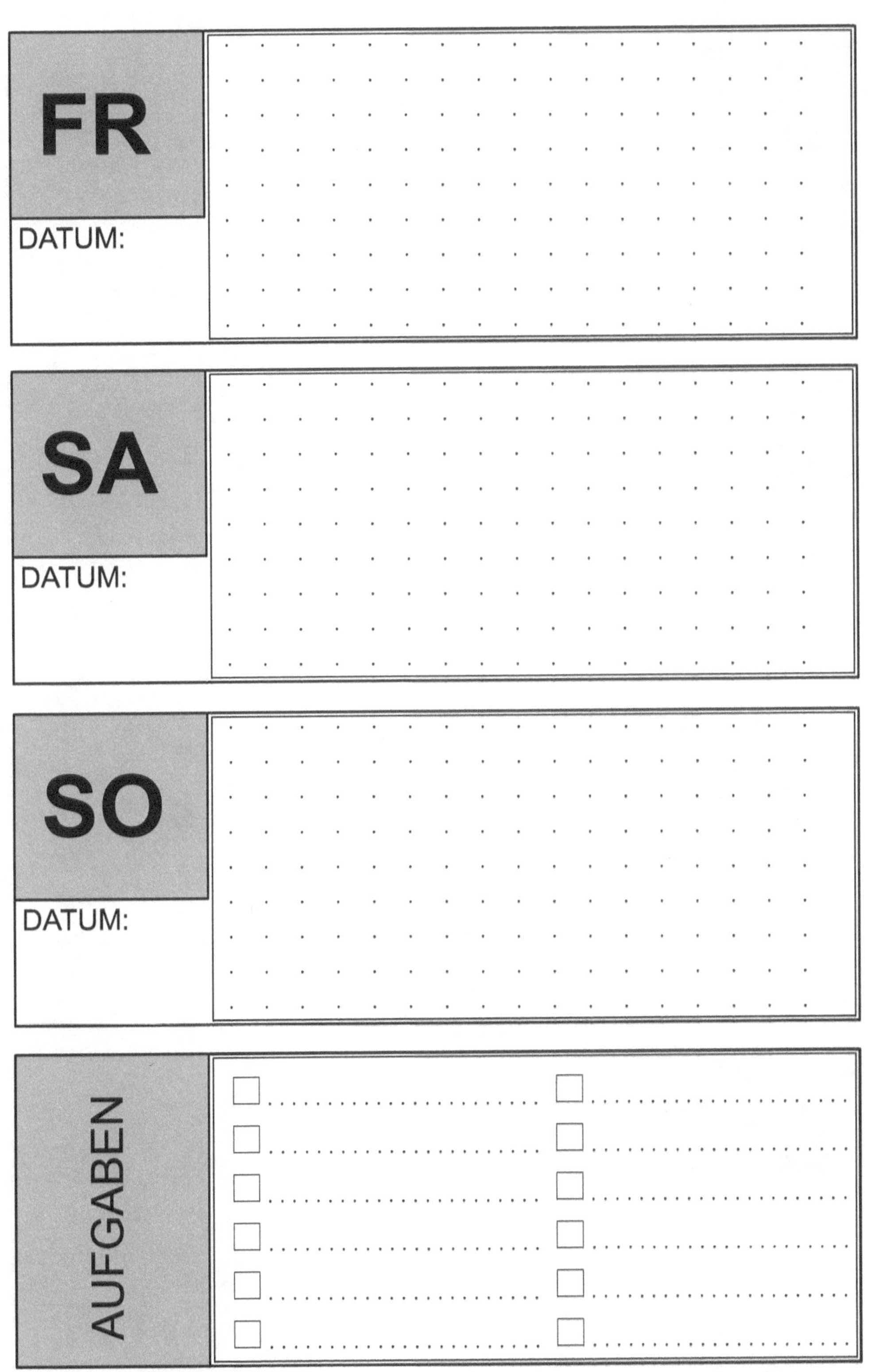

FR
DATUM:
SA
DATUM:
SO
DATUM:
AUFGABEN

MO

DATUM:

DI

DATUM:

MI

DATUM:

DO

DATUM:

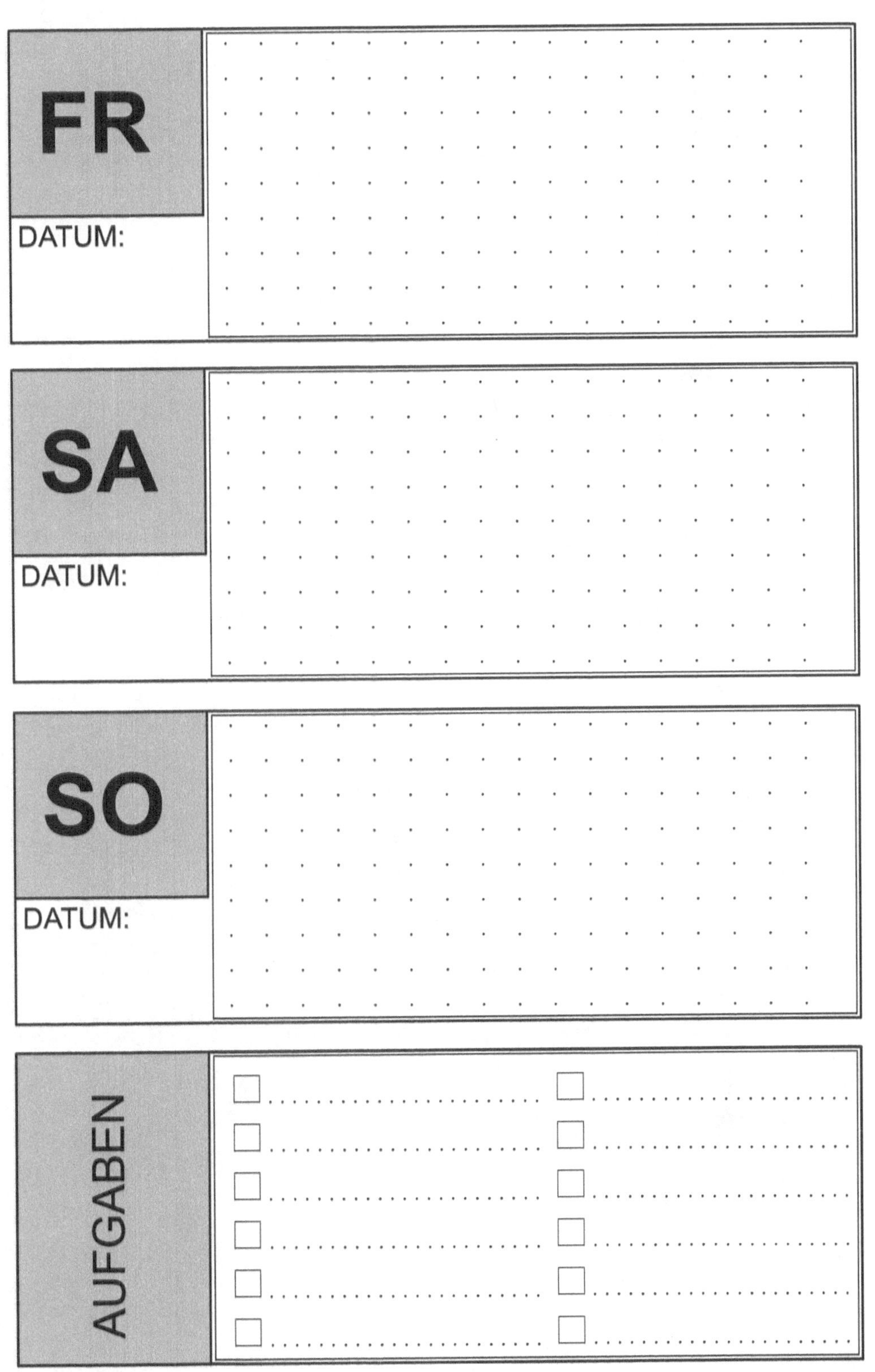
FR
DATUM:
SA
DATUM:
SO
DATUM:
AUFGABEN

MO

DATUM:

DI

DATUM:

MI

DATUM:

DO

DATUM:

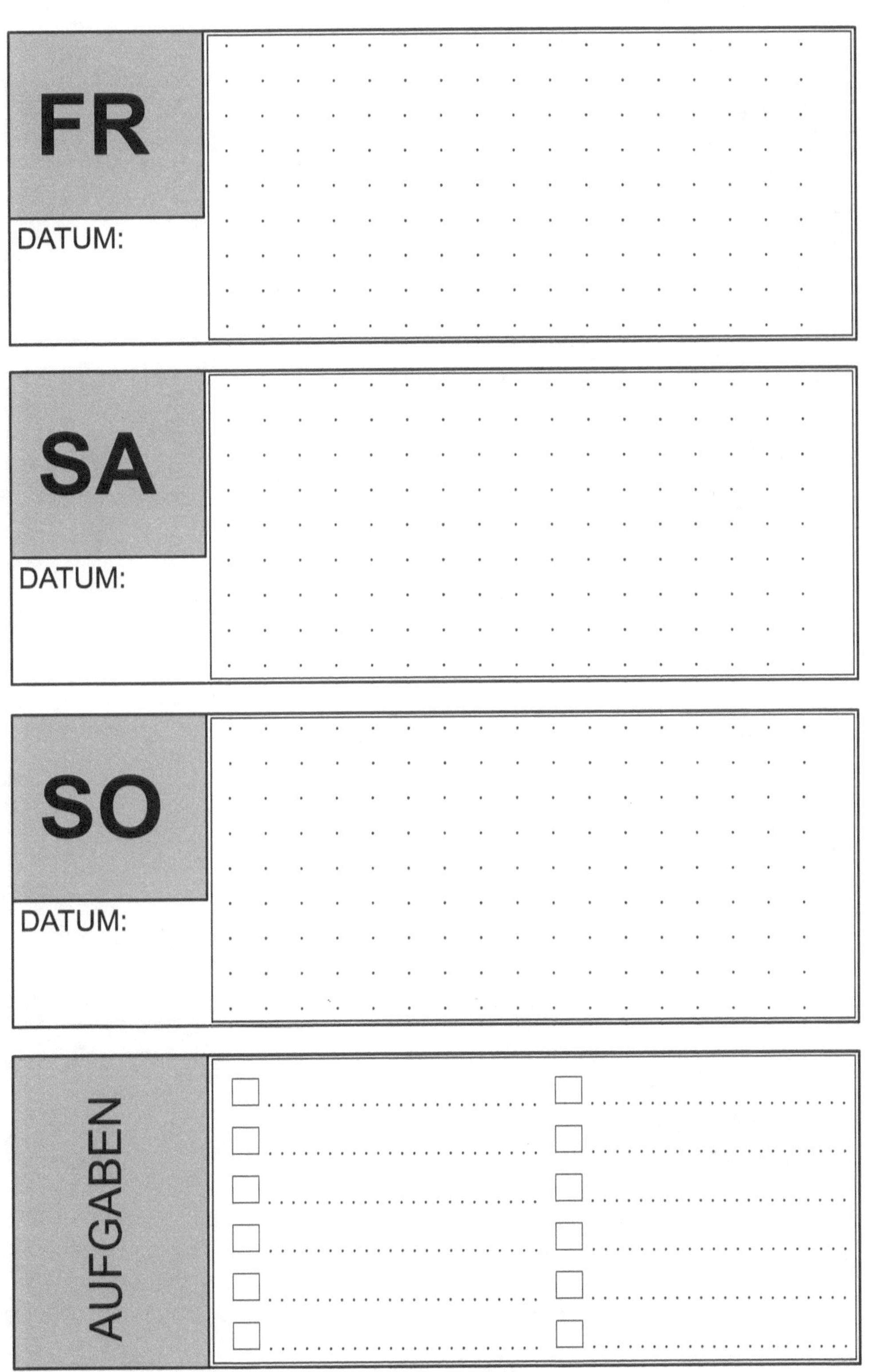
FR
DATUM:
SA
DATUM:
SO
DATUM:
AUFGABEN

MO

DATUM:

DI

DATUM:

MI

DATUM:

DO

DATUM:

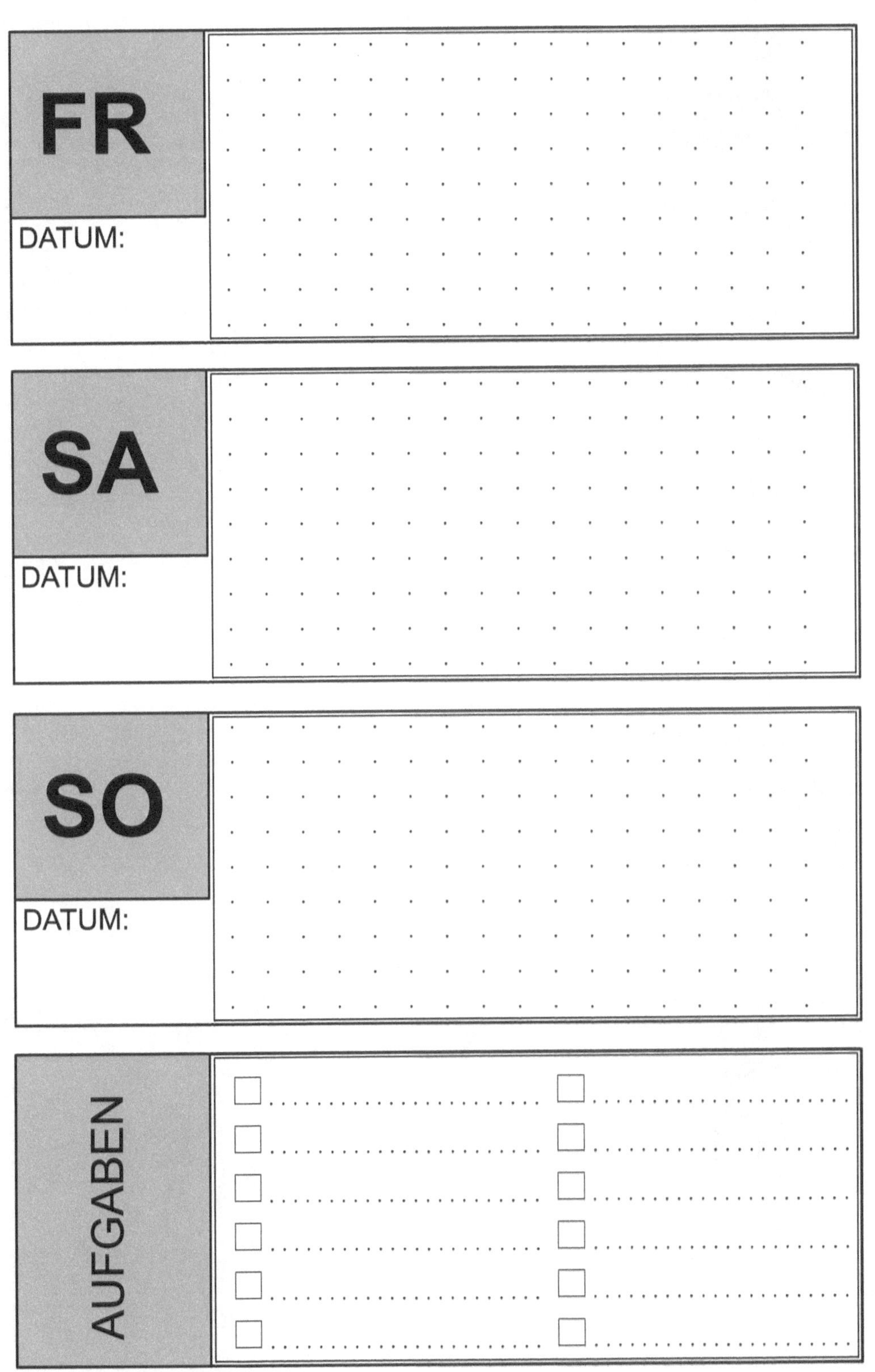
FR
DATUM:
SA
DATUM:
SO
DATUM:
AUFGABEN

MO

DATUM:

DI

DATUM:

MI

DATUM:

DO

DATUM:

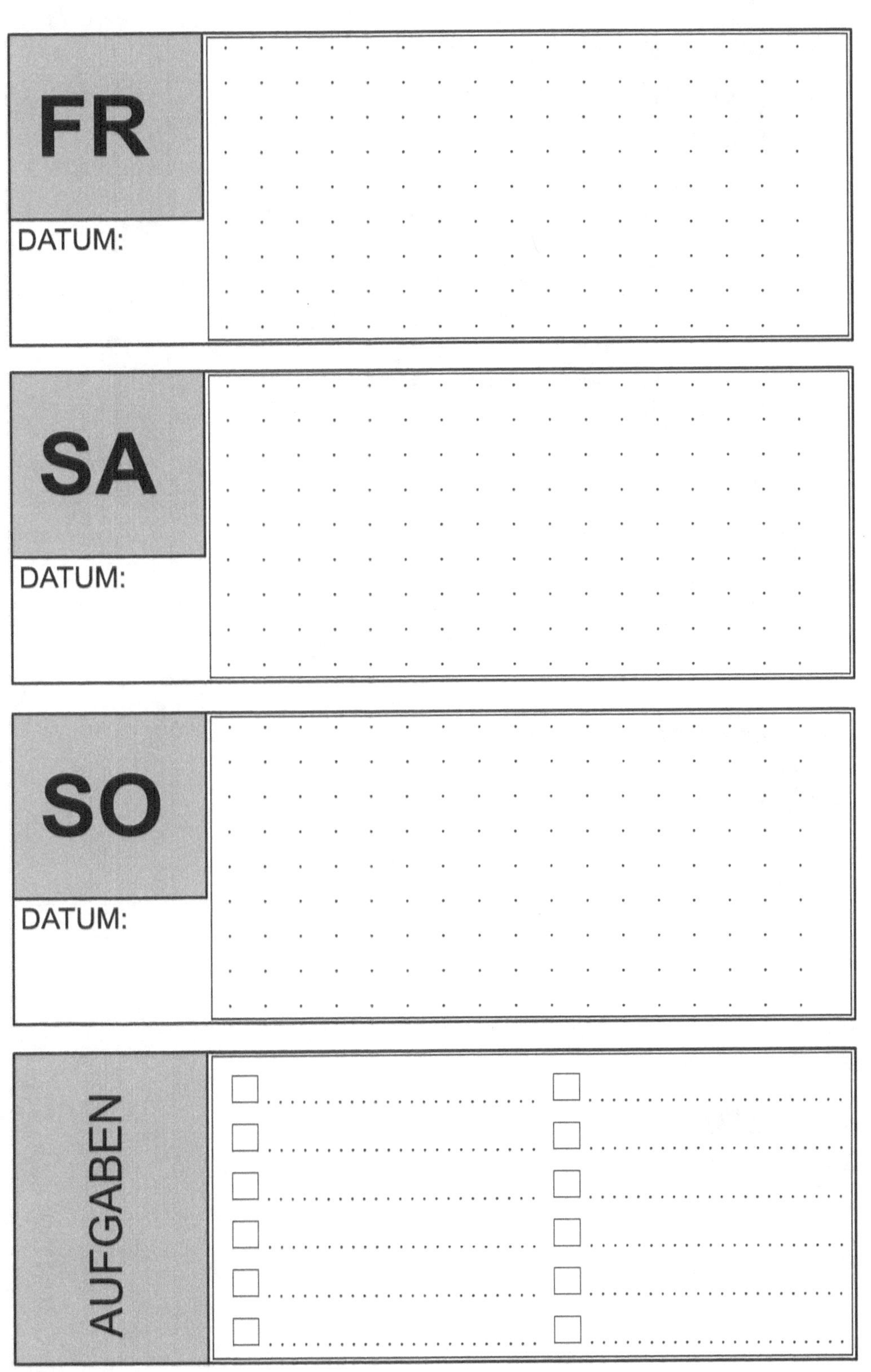

FR
DATUM:
SA
DATUM:
SO
DATUM:
AUFGABEN

MO

DATUM:

DI

DATUM:

MI

DATUM:

DO

DATUM:

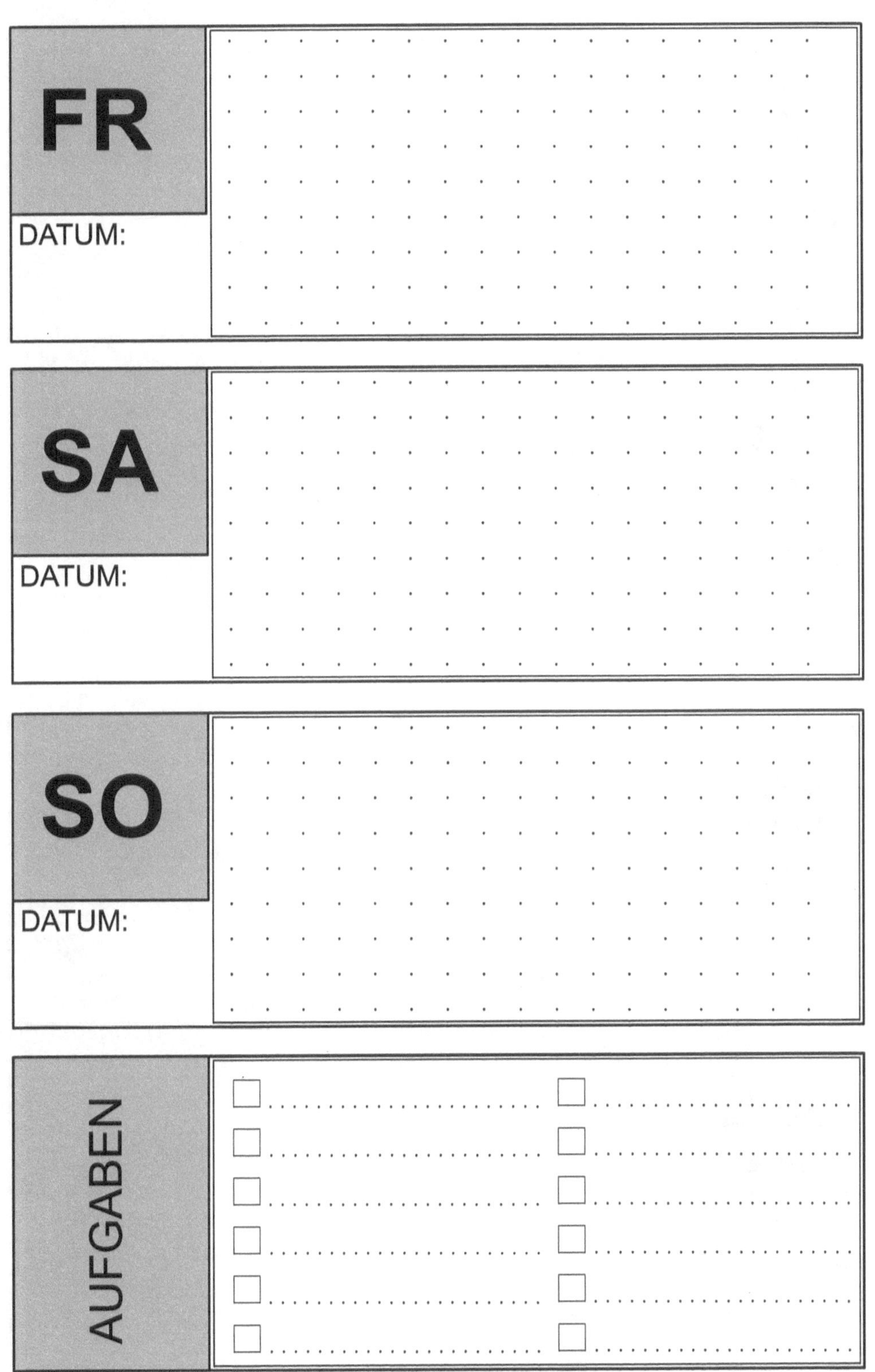
FR
DATUM:
SA
DATUM:
SO
DATUM:
AUFGABEN

MO

DATUM:

DI

DATUM:

MI

DATUM:

DO

DATUM:

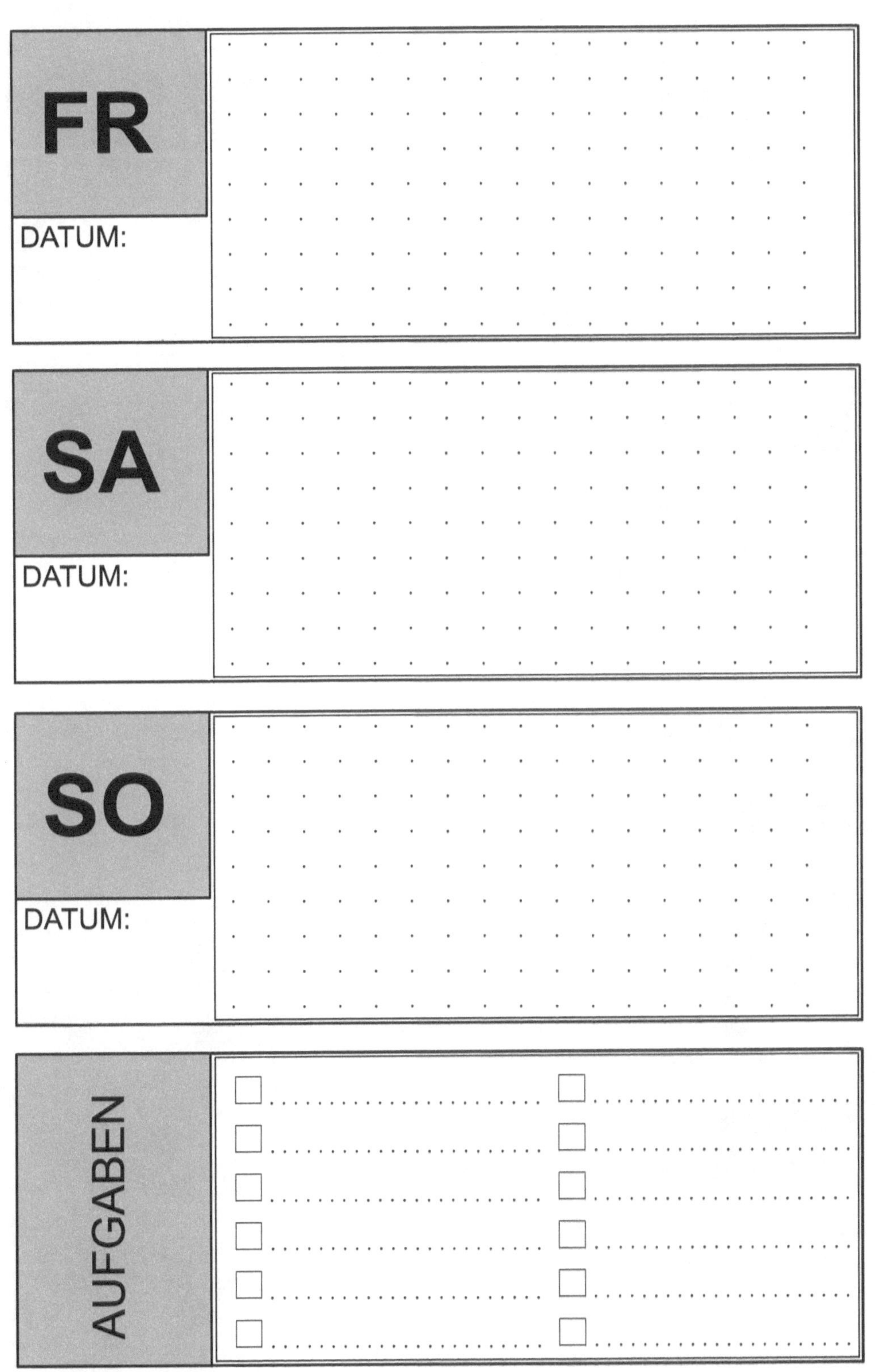
FR
DATUM:
SA
DATUM:
SO
DATUM:
AUFGABEN

MO

DATUM:

DI

DATUM:

MI

DATUM:

DO

DATUM:

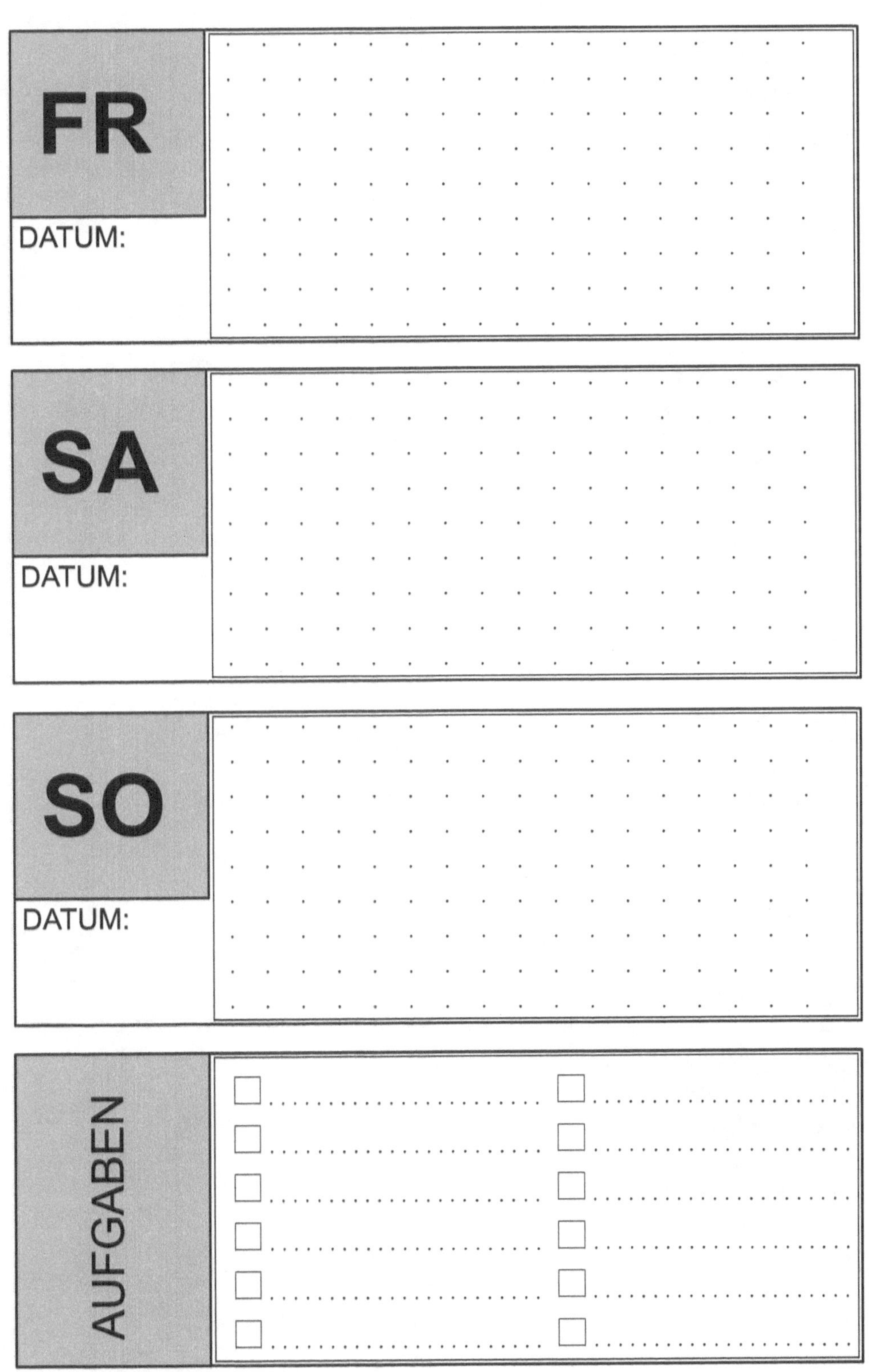
FR
DATUM:
SA
DATUM:
SO
DATUM:
AUFGABEN

MO

DATUM:

DI

DATUM:

MI

DATUM:

DO

DATUM:

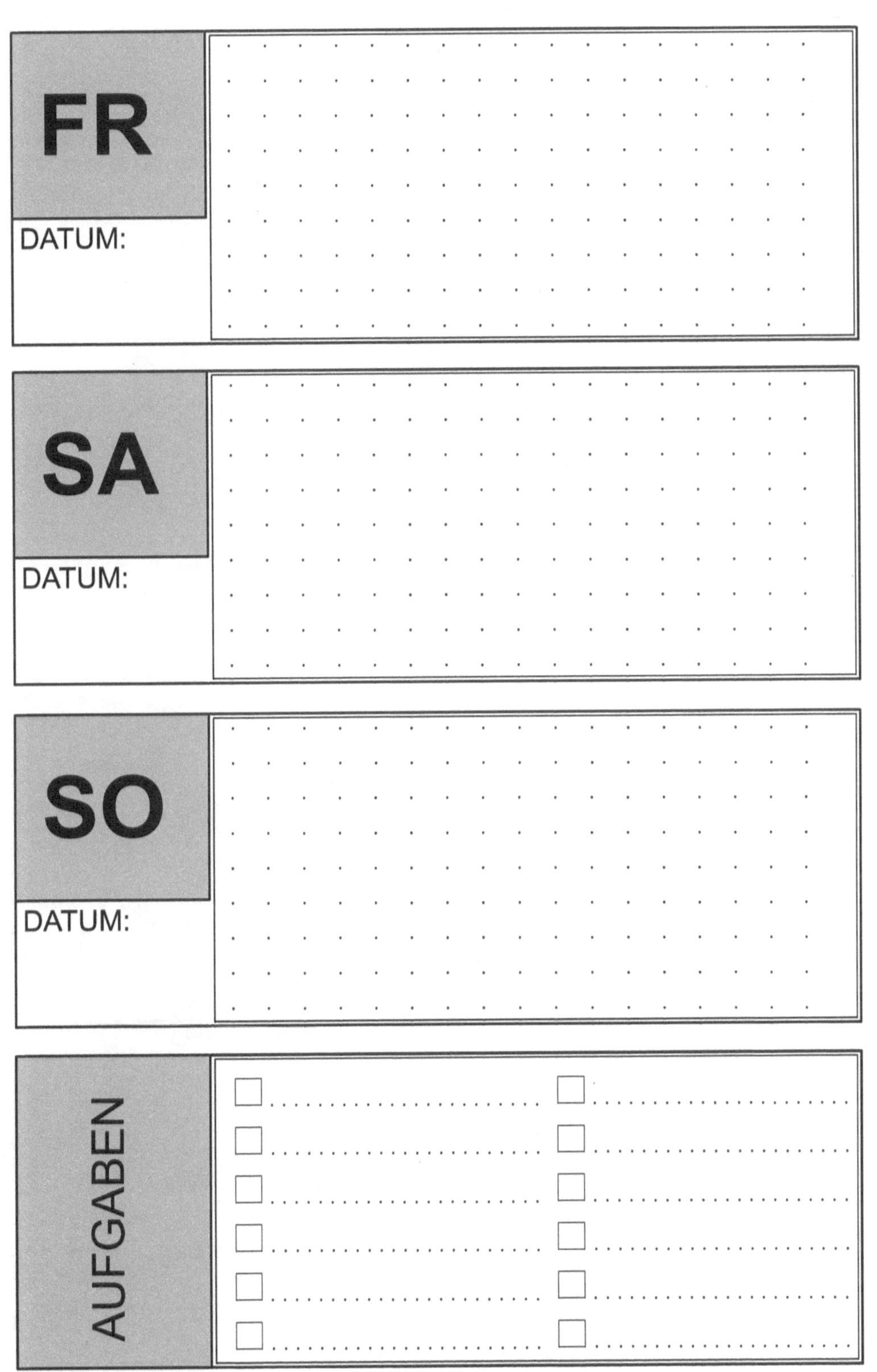
FR
DATUM:
SA
DATUM:
SO
DATUM:
AUFGABEN

MO

DATUM:

DI

DATUM:

MI

DATUM:

DO

DATUM:

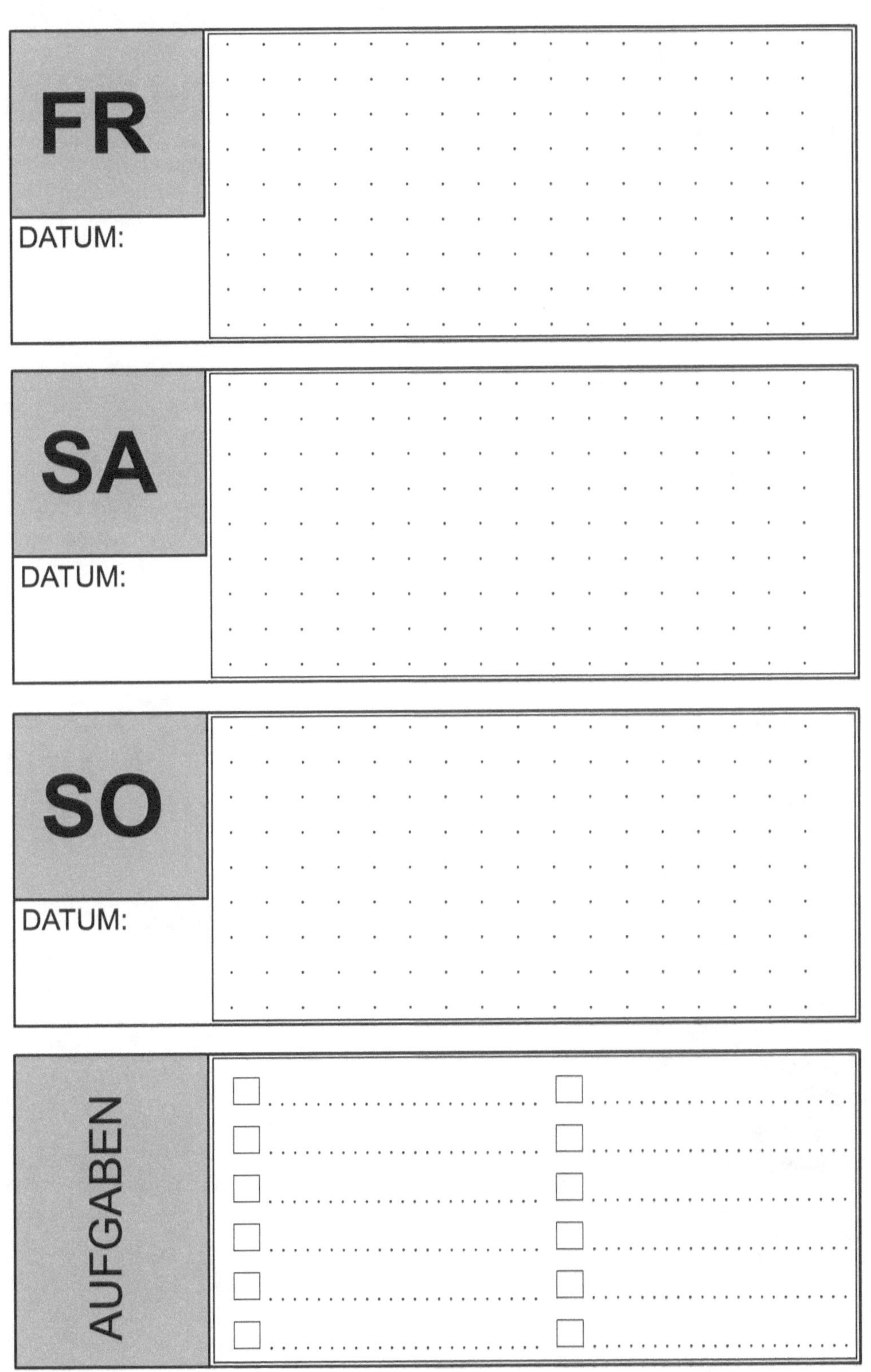
FR
DATUM:
SA
DATUM:
SO
DATUM:
AUFGABEN

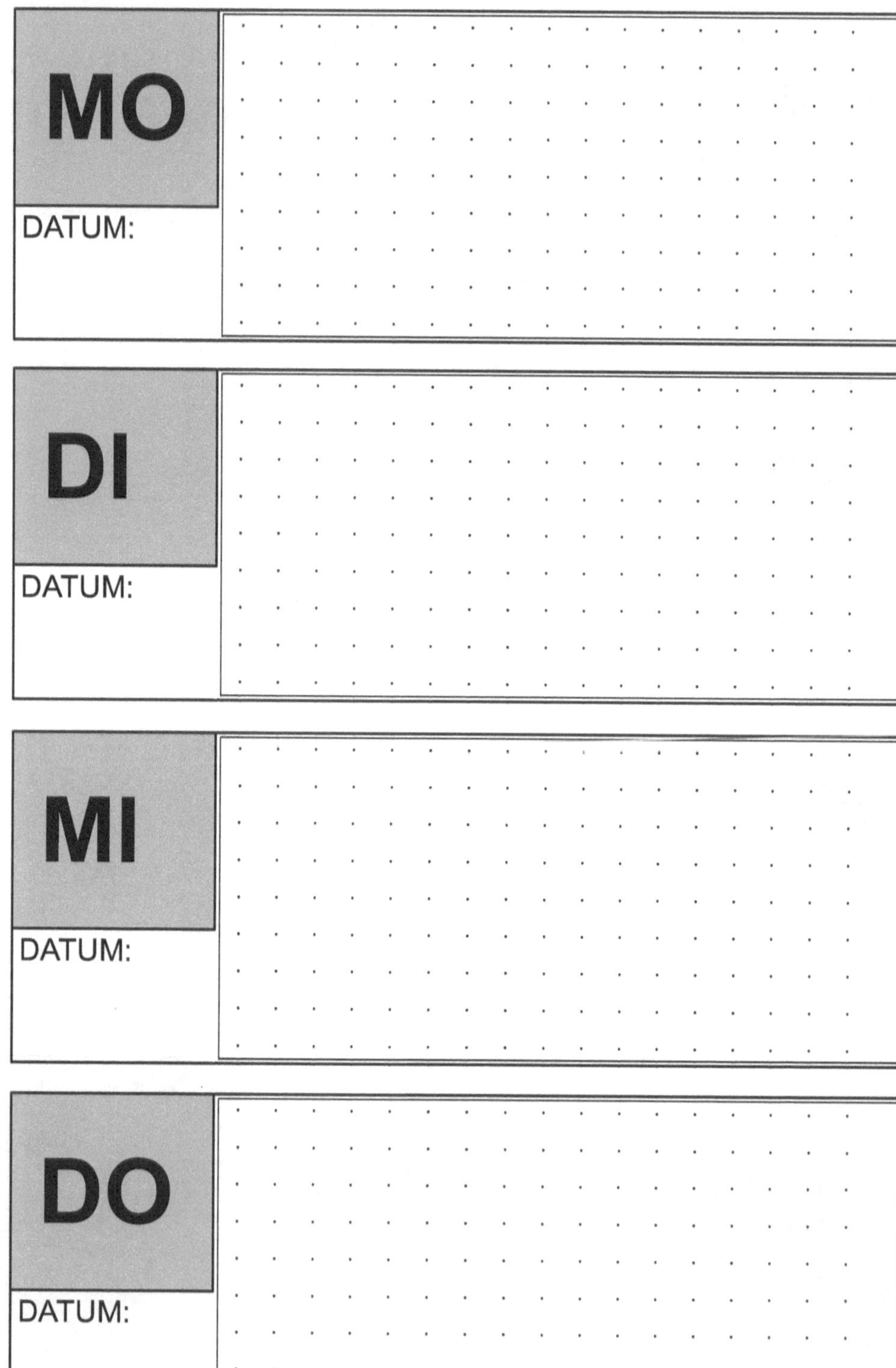
MO
DATUM:
DI
DATUM:
MI
DATUM:
DO
DATUM:

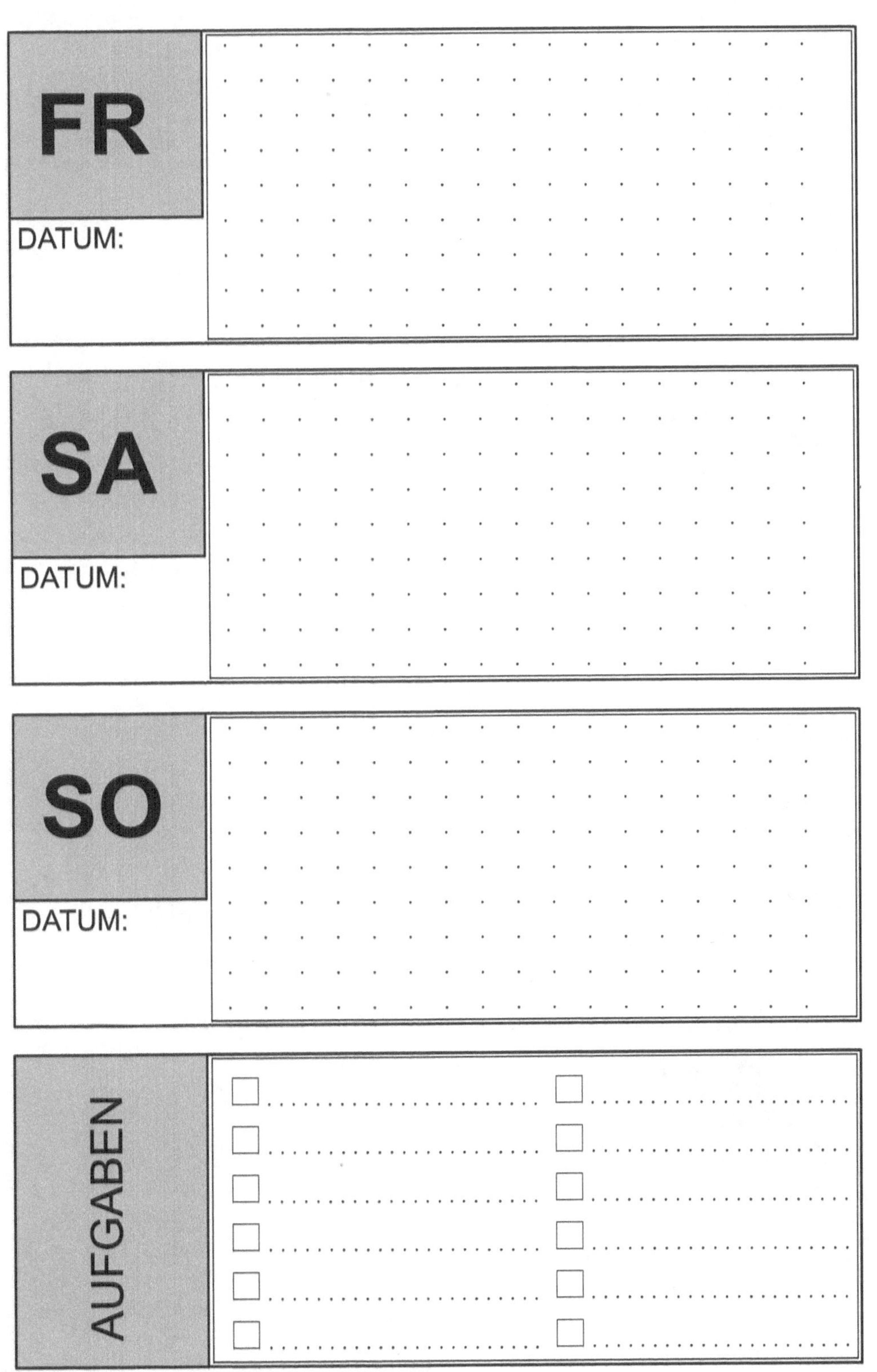
FR
DATUM:
SA
DATUM:
SO
DATUM:
AUFGABEN

MO

DATUM:

DI

DATUM:

MI

DATUM:

DO

DATUM:

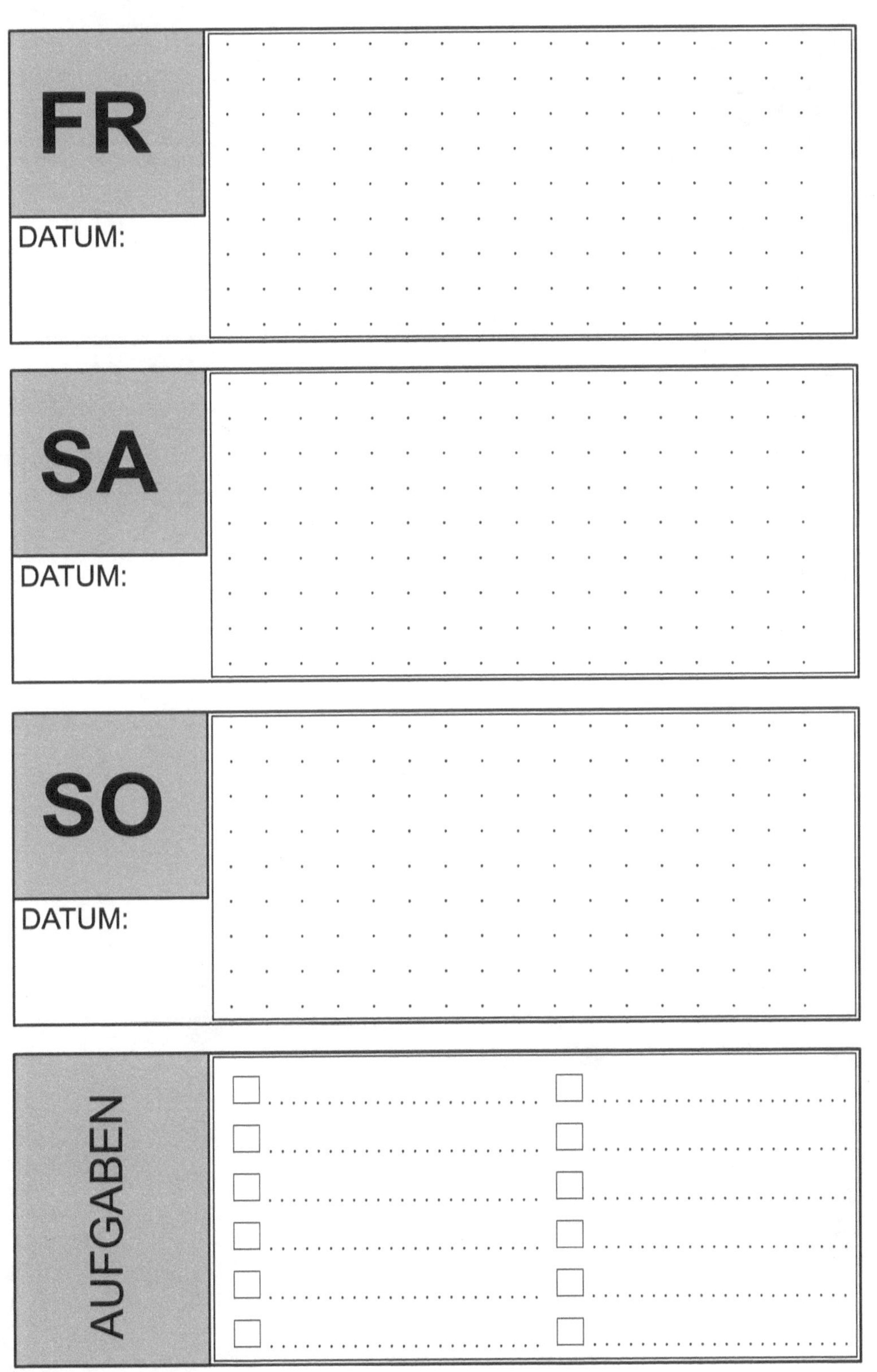
FR
DATUM:
SA
DATUM:
SO
DATUM:
AUFGABEN

MO

DATUM:

DI

DATUM:

MI

DATUM:

DO

DATUM:

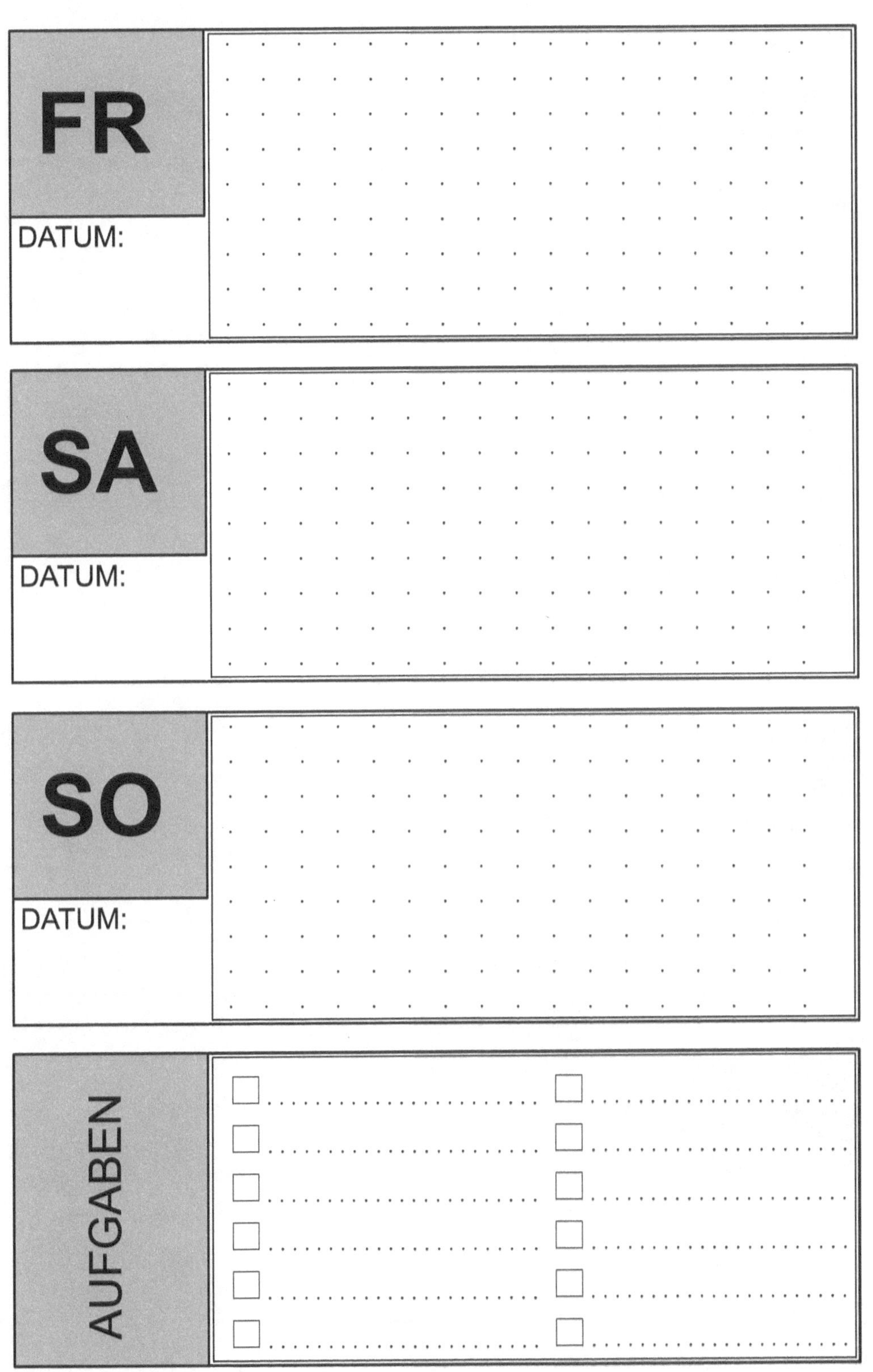
FR
DATUM:
SA
DATUM:
SO
DATUM:
AUFGABEN

DATUM:

DI

DATUM:

MI

DATUM:

DO

DATUM:

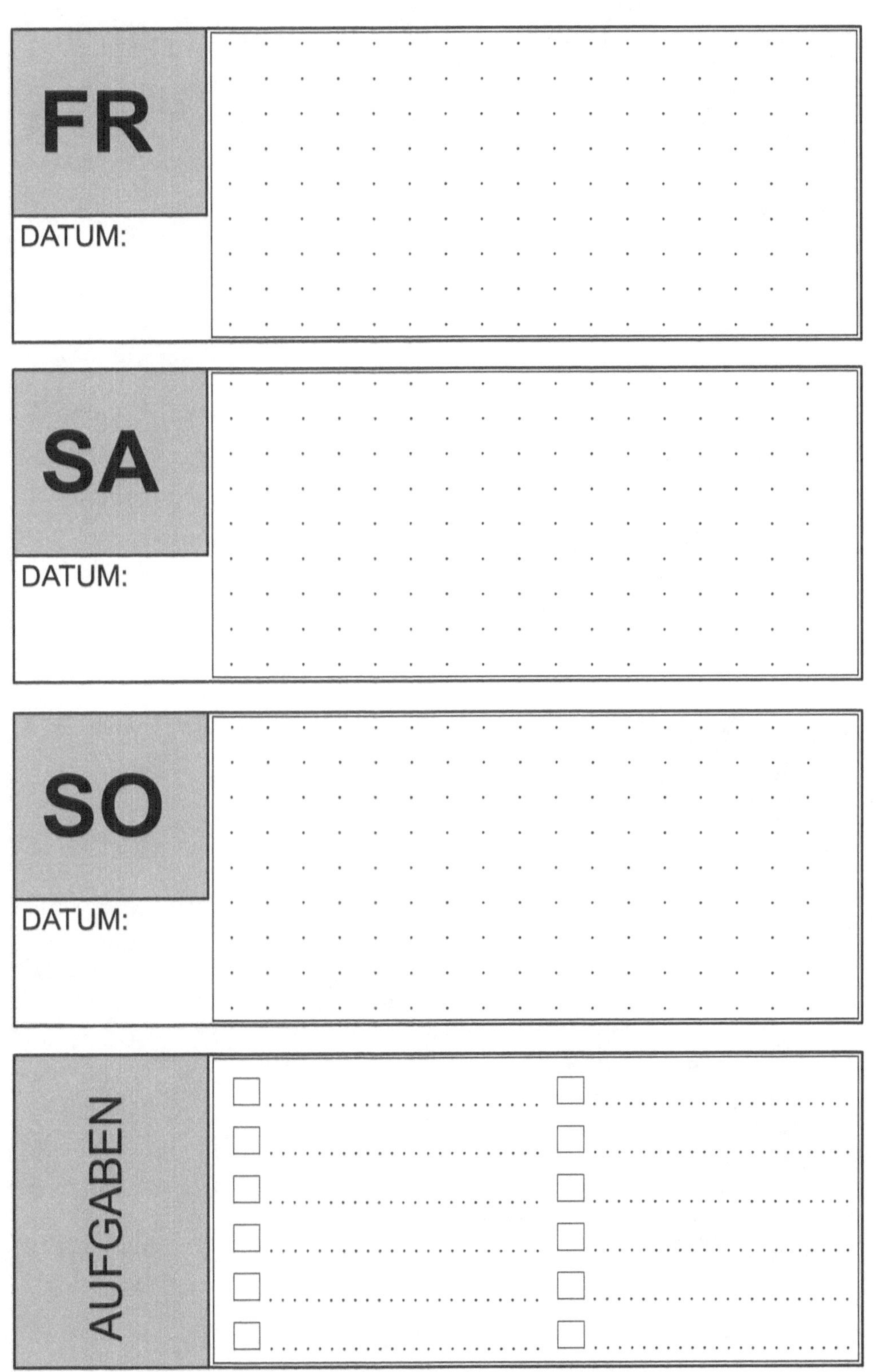

FR
DATUM:
SA
DATUM:
SO
DATUM:
AUFGABEN

MO

DATUM:

DI

DATUM:

MI

DATUM:

DO

DATUM:

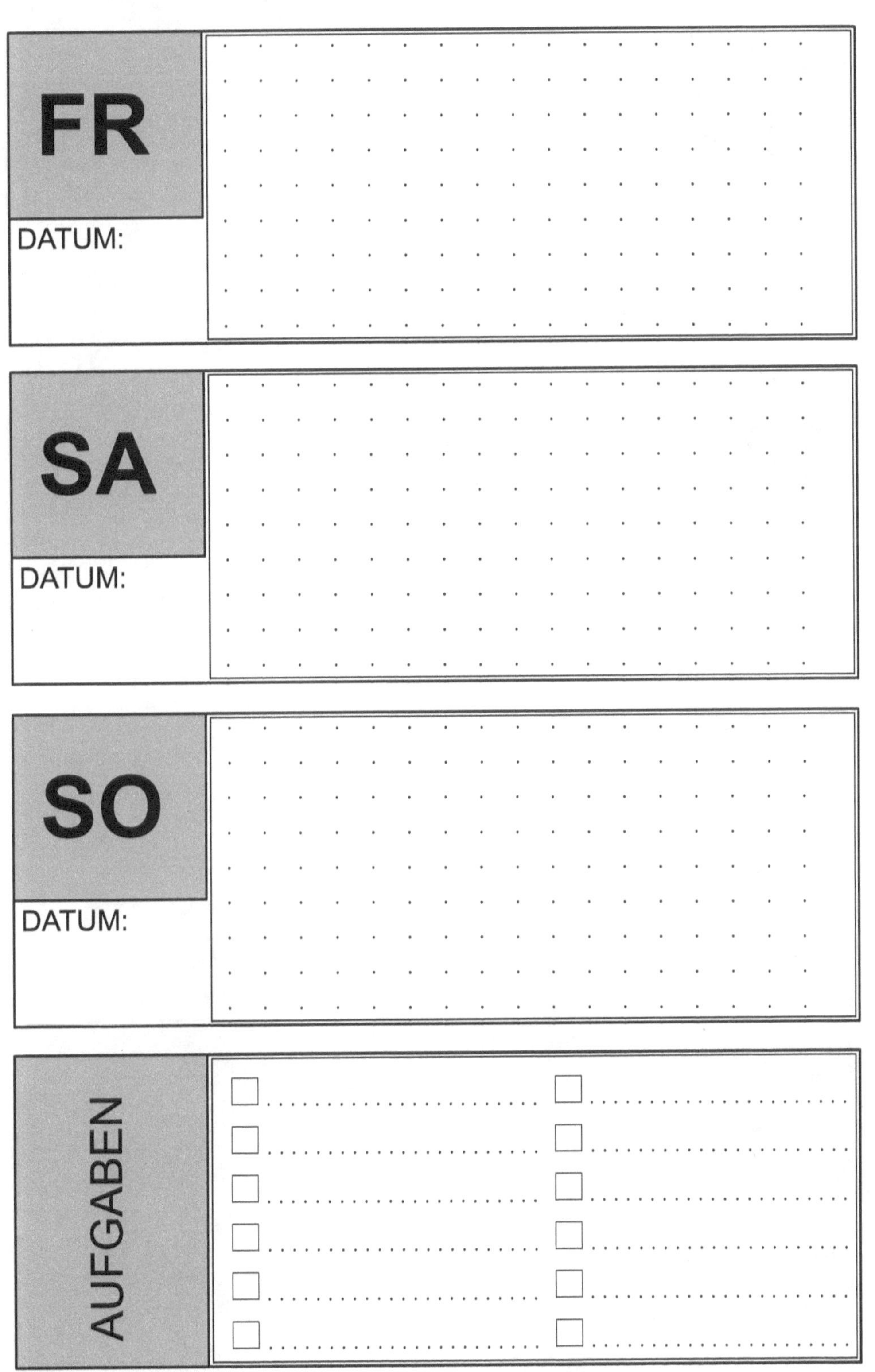
FR
DATUM:
SA
DATUM:
SO
DATUM:
AUFGABEN

MO

DATUM:

DI

DATUM:

MI

DATUM:

DO

DATUM:

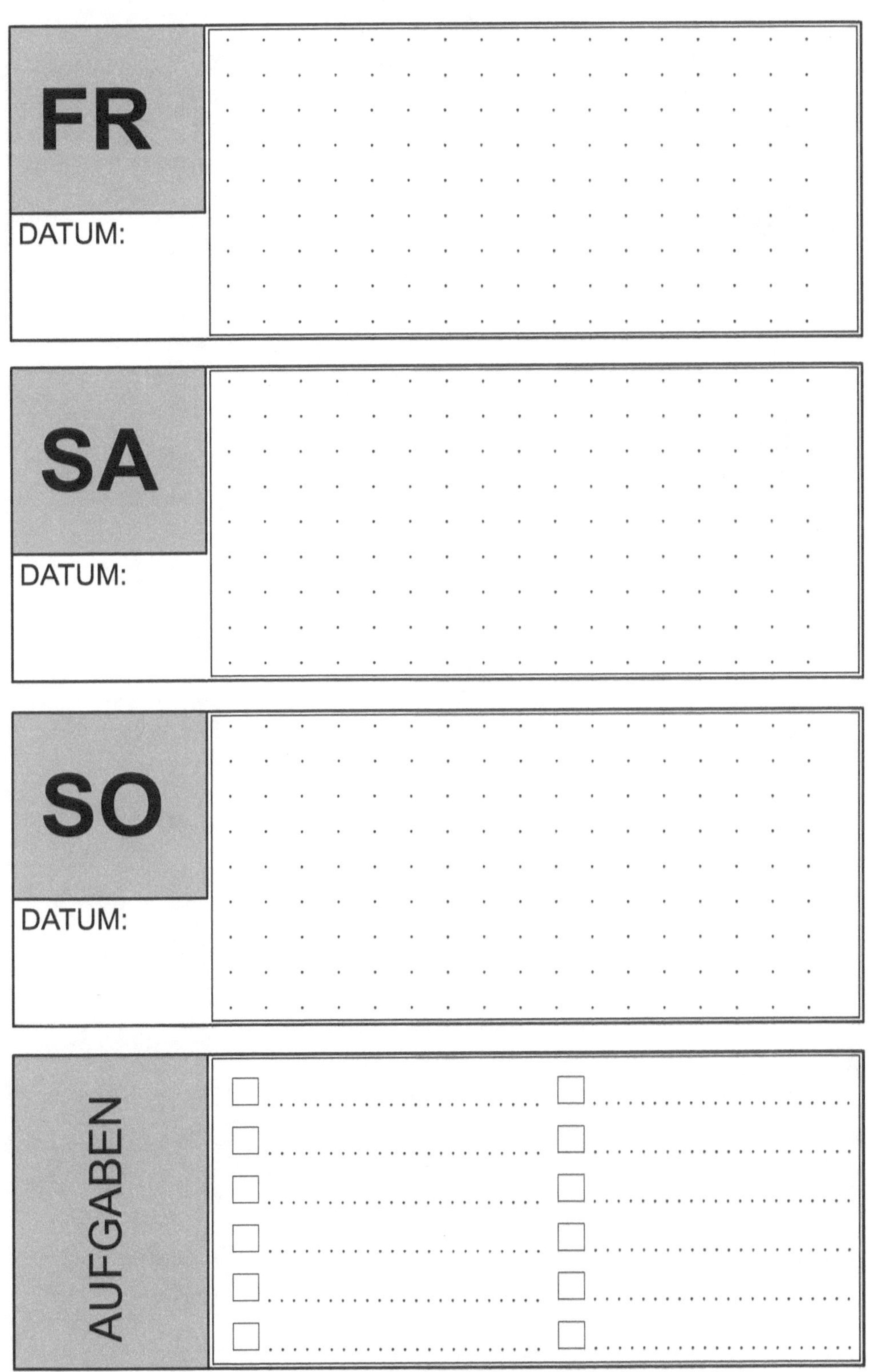
FR
DATUM:
SA
DATUM:
SO
DATUM:
AUFGABEN

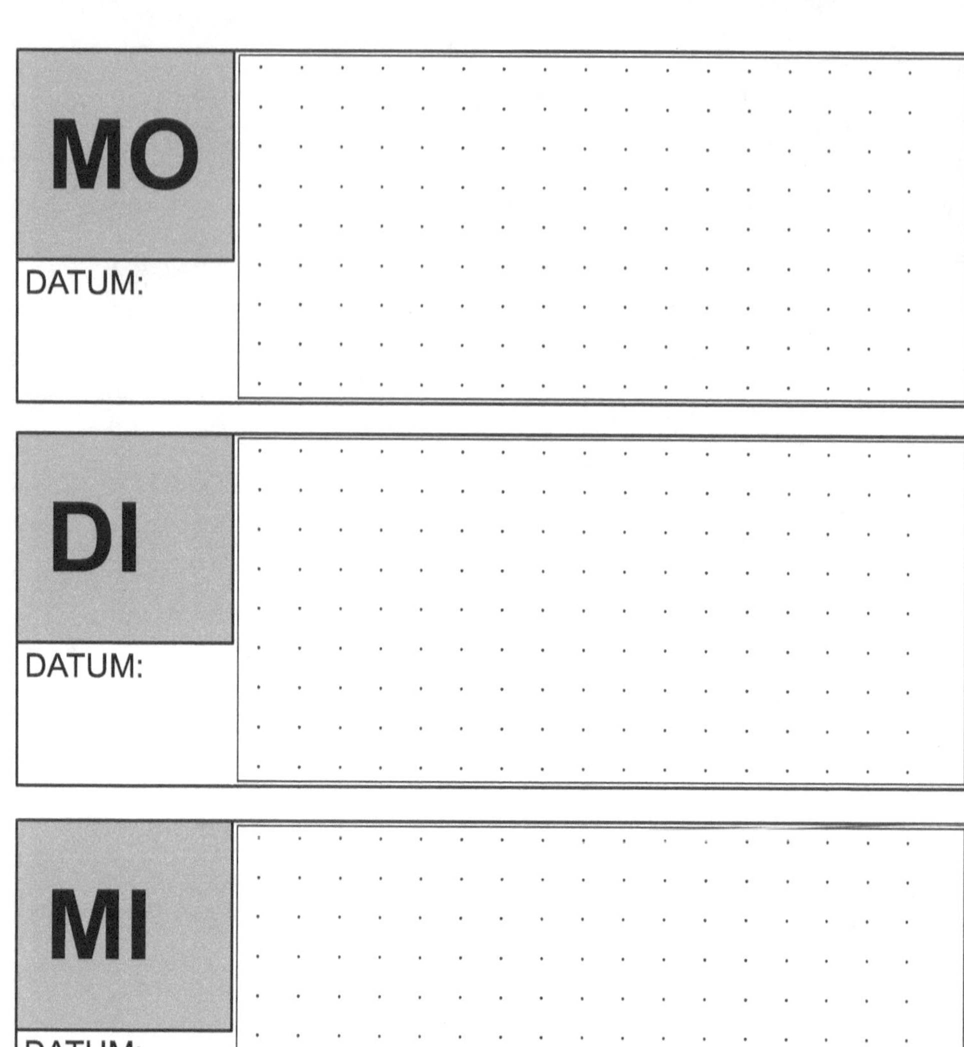


**DO**

DATUM:

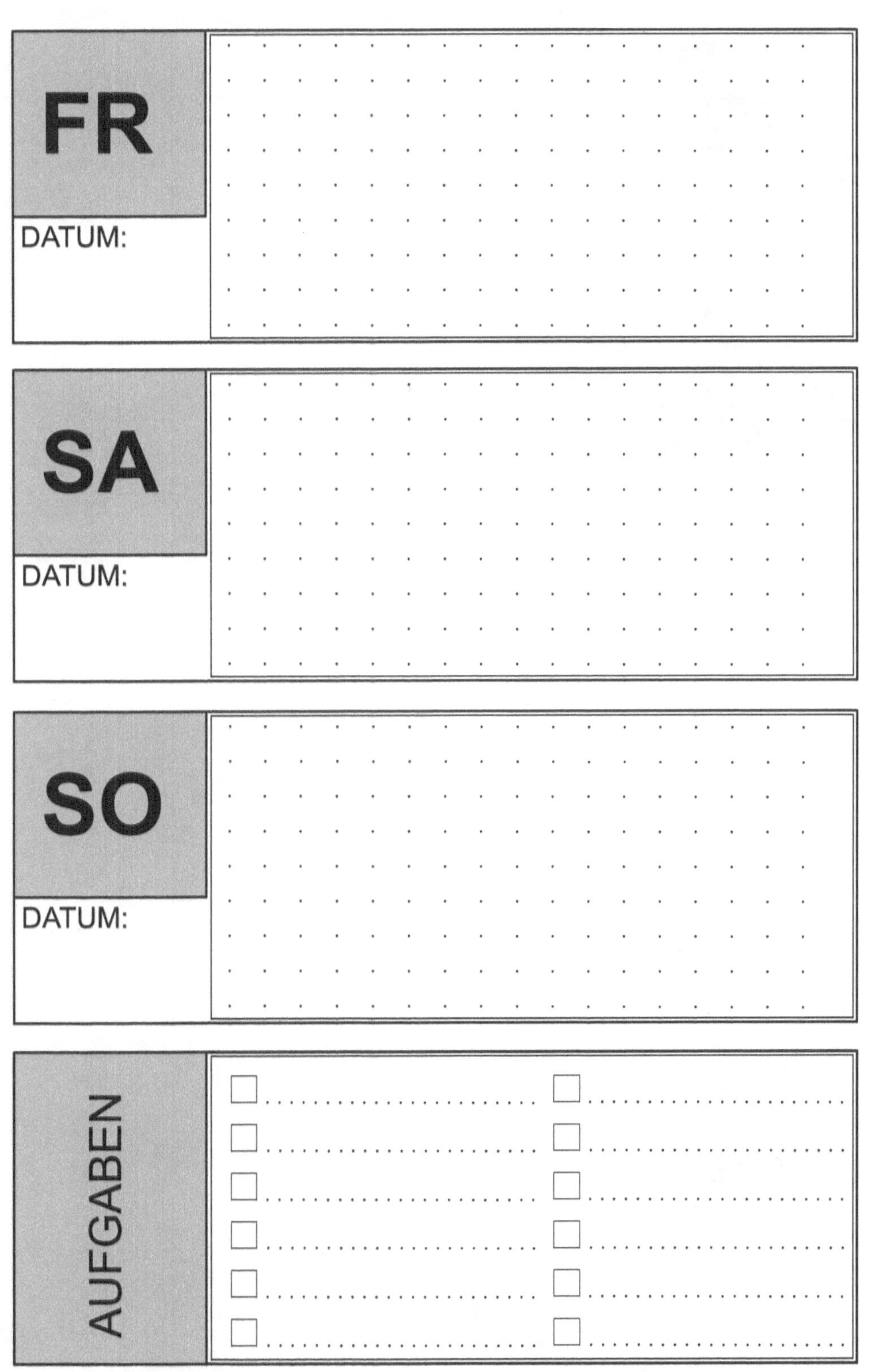
FR
DATUM:
SA
DATUM:
SO
DATUM:
AUFGABEN

MO

DATUM:

DI

DATUM:

MI

DATUM:

DO

DATUM:

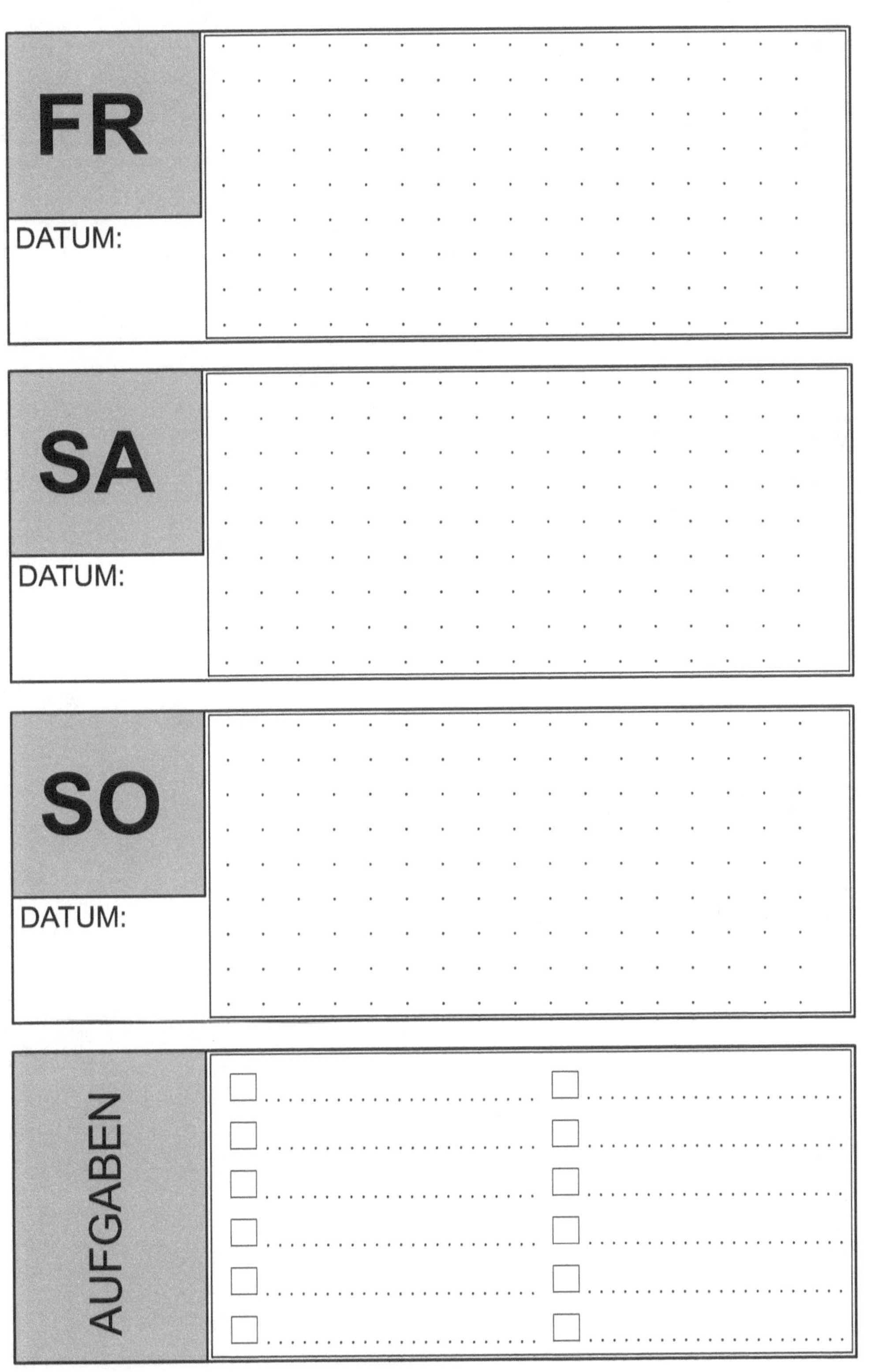
FR
DATUM:
SA
DATUM:
SO
DATUM:
AUFGABEN

**MO**

DATUM:

**DI**

DATUM:

**MI**

DATUM:

**DO**

DATUM:

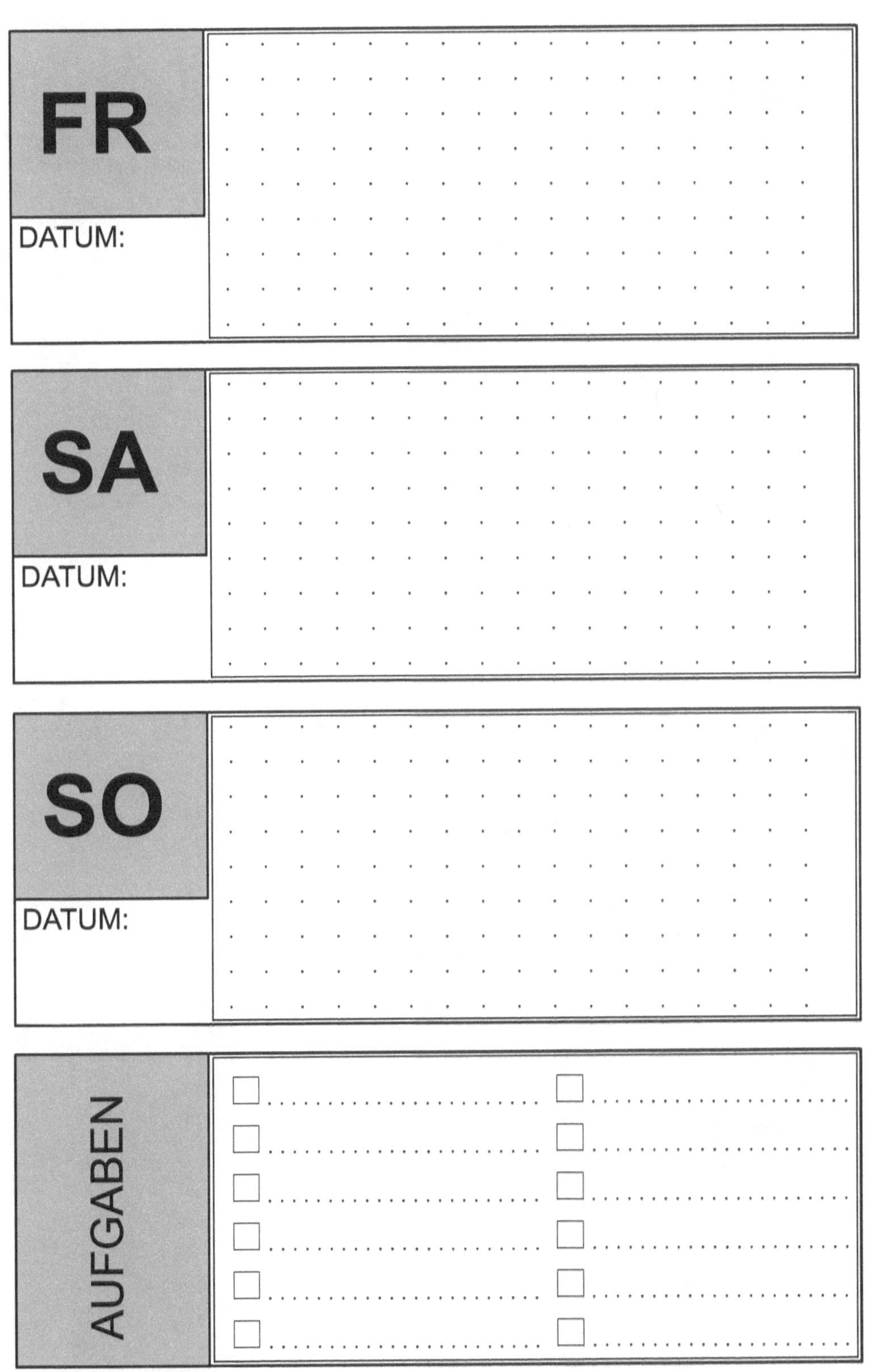
FR
DATUM:
SA
DATUM:
SO
DATUM:
AUFGABEN

MO

DATUM:

DI

DATUM:

MI

DATUM:

DO

DATUM:

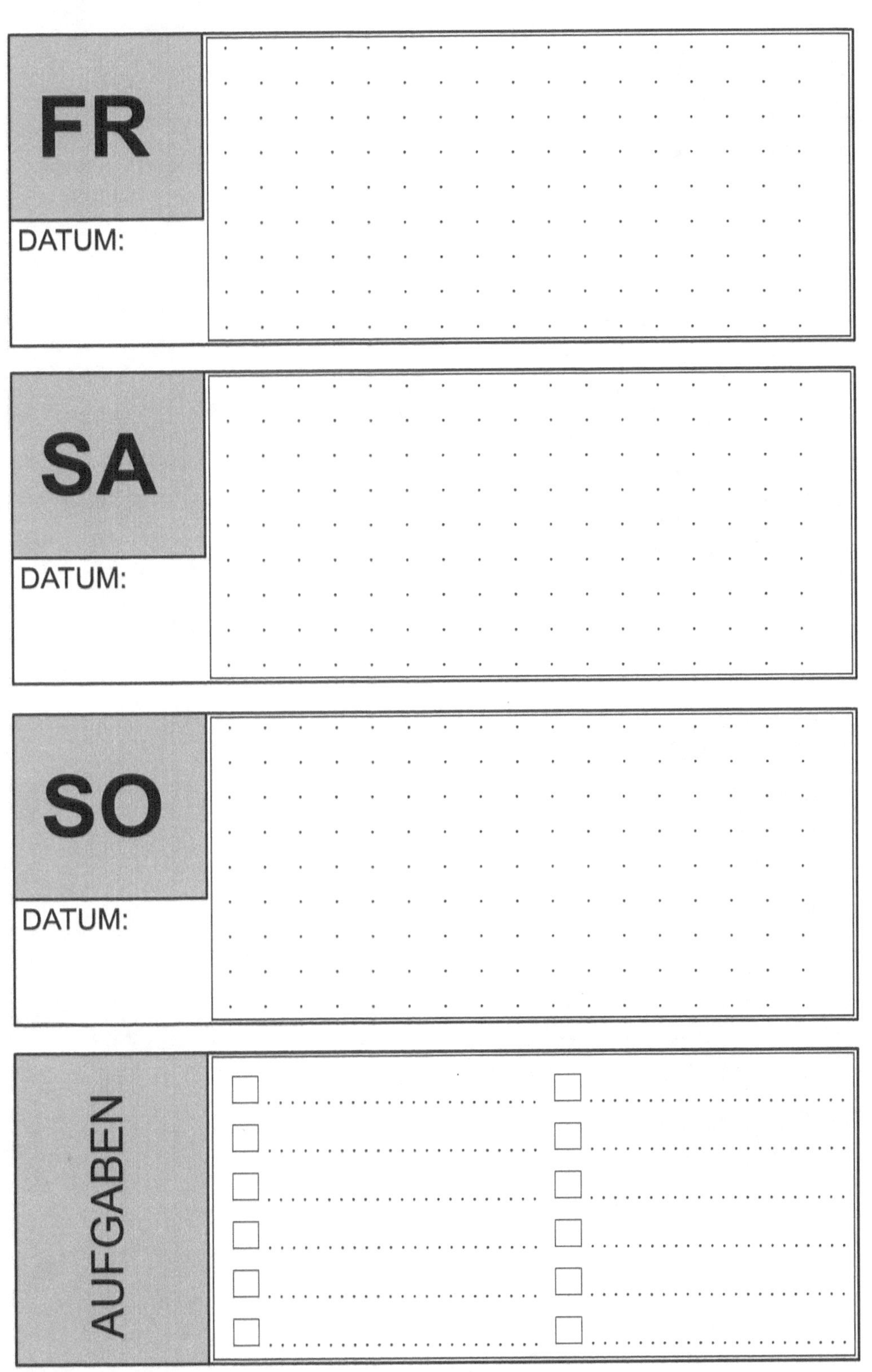
FR
DATUM:
SA
DATUM:
SO
DATUM:
AUFGABEN

MO

DATUM:

DI

DATUM:

MI

DATUM:

DO

DATUM:

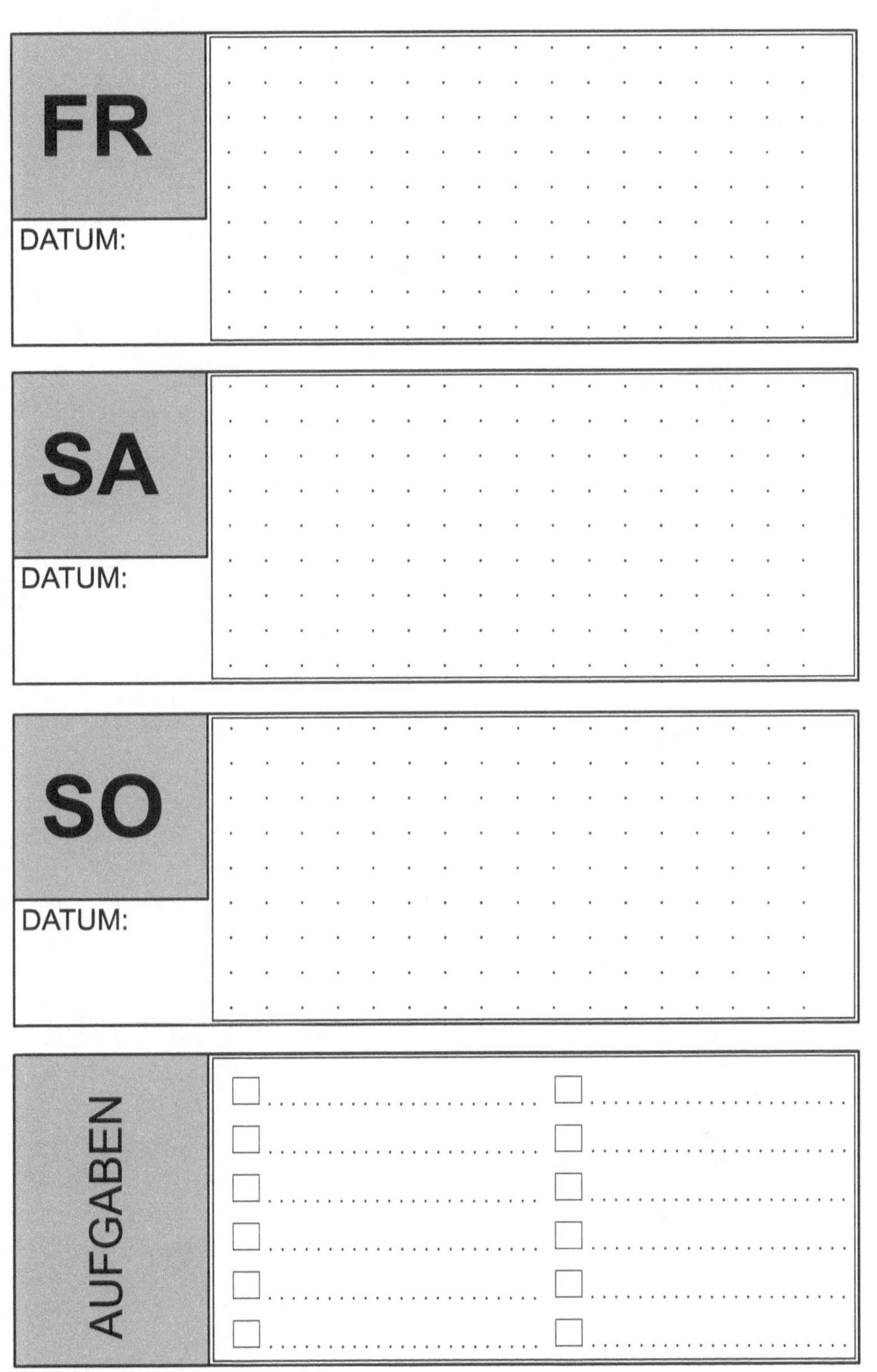
FR
DATUM:
SA
DATUM:
SO
DATUM:
AUFGABEN

MO

DATUM:

DI

DATUM:

MI

DATUM:

DO

DATUM:

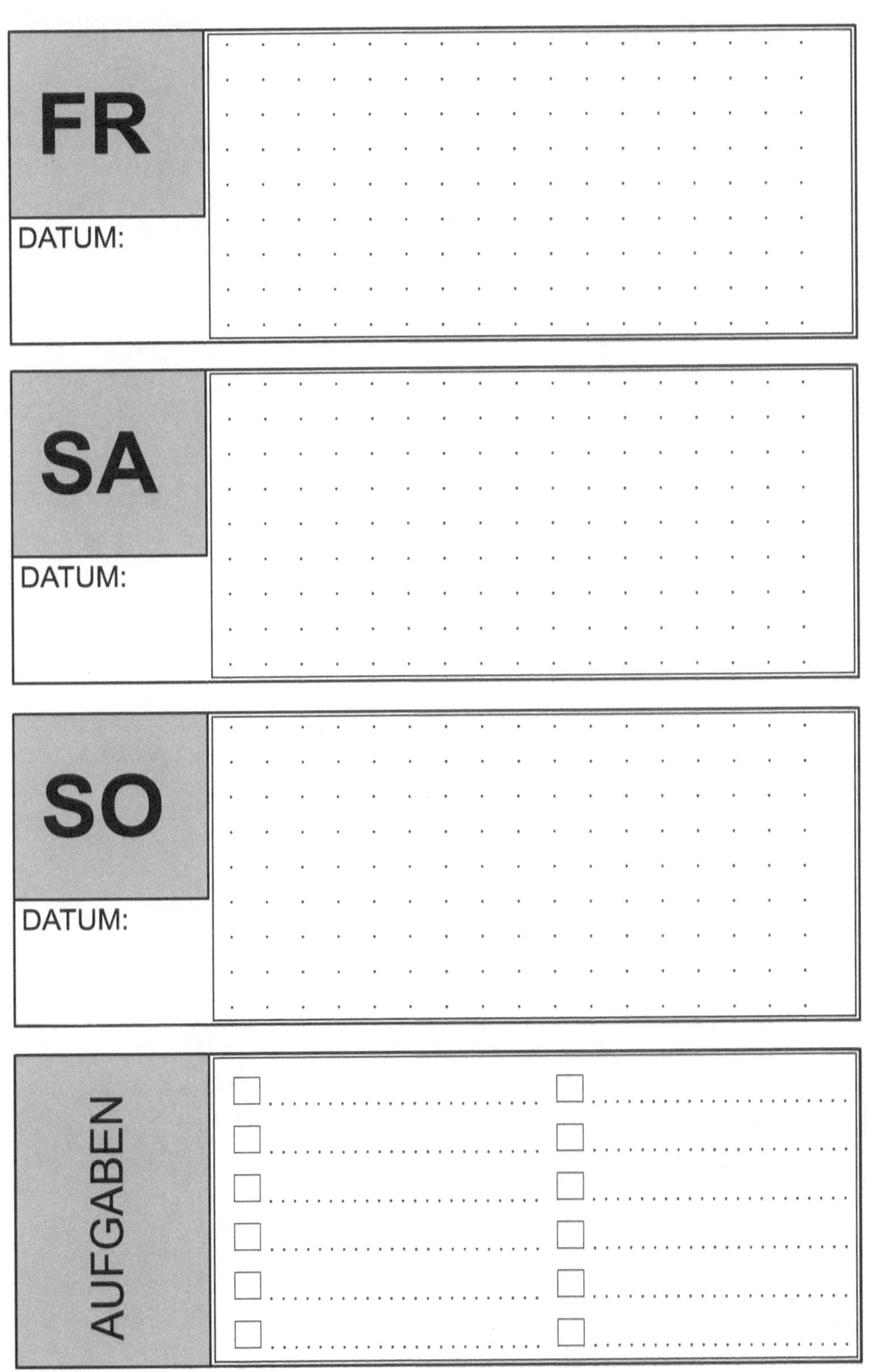
FR
DATUM:
SA
DATUM:
SO
DATUM:
AUFGABEN

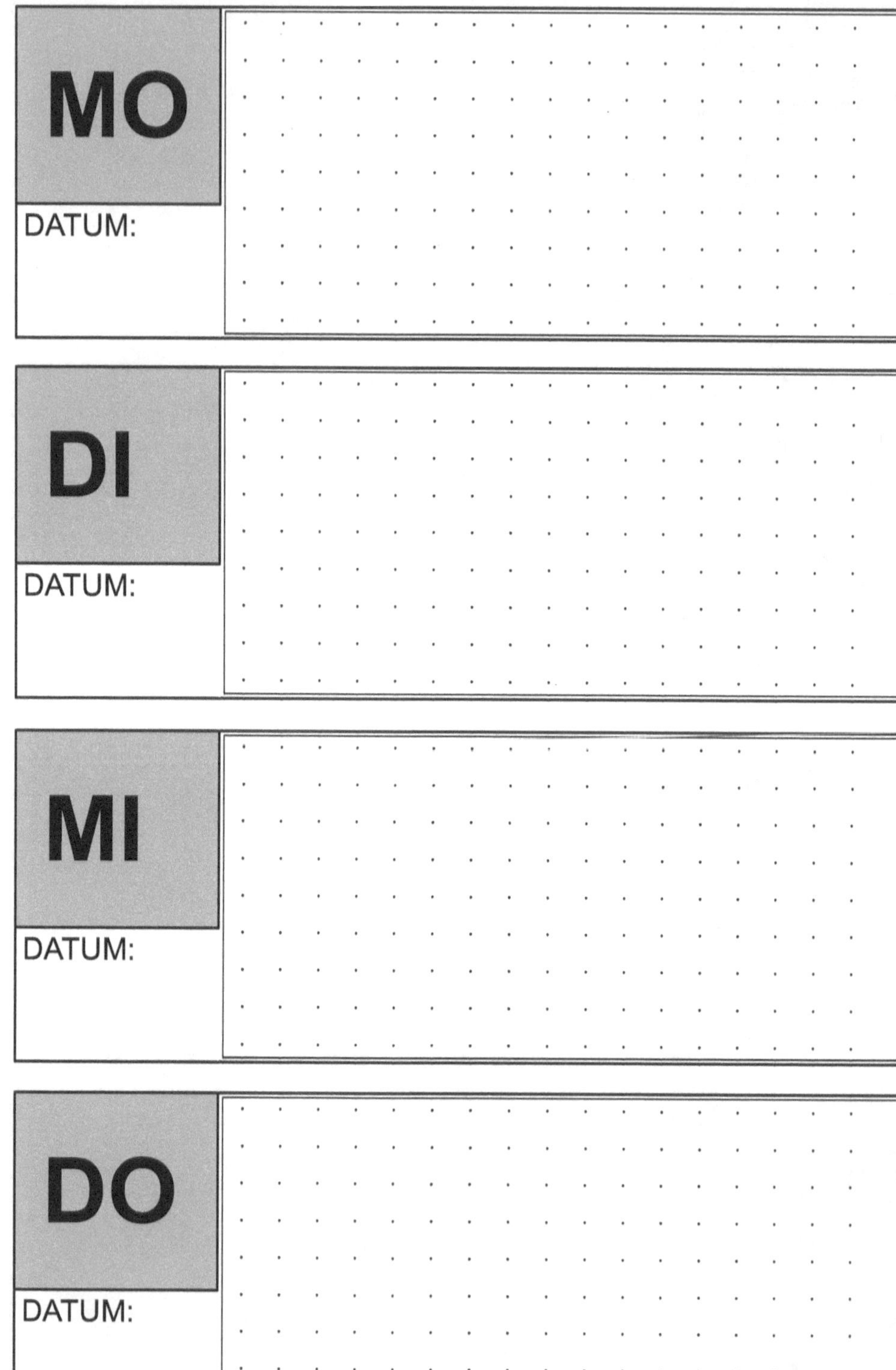
MO
DATUM:
DI
DATUM:
MI
DATUM:
DO
DATUM:

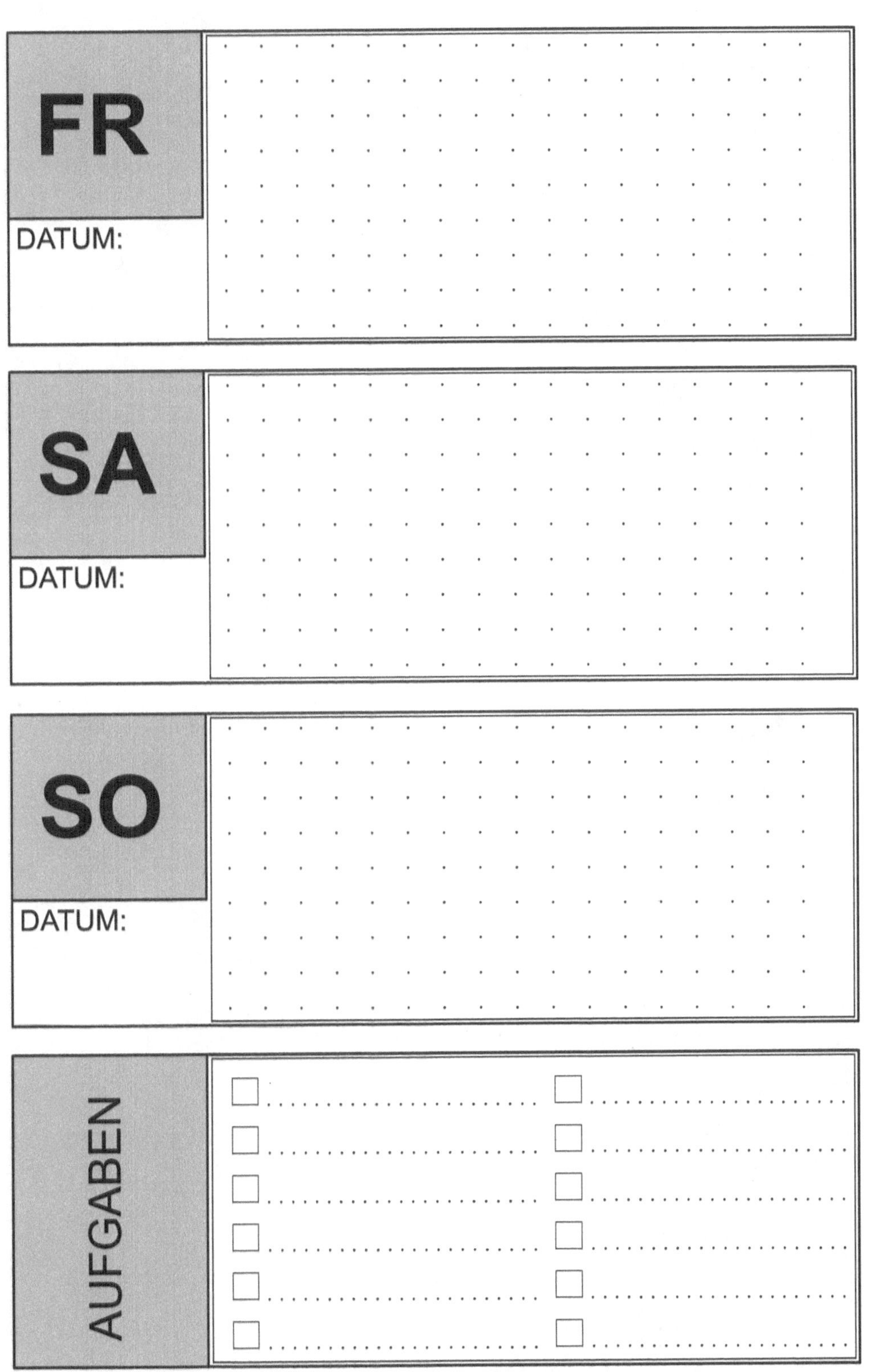
FR
DATUM:
SA
DATUM:
SO
DATUM:
AUFGABEN

MO

DATUM:

DI

DATUM:

MI

DATUM:

DO

DATUM:

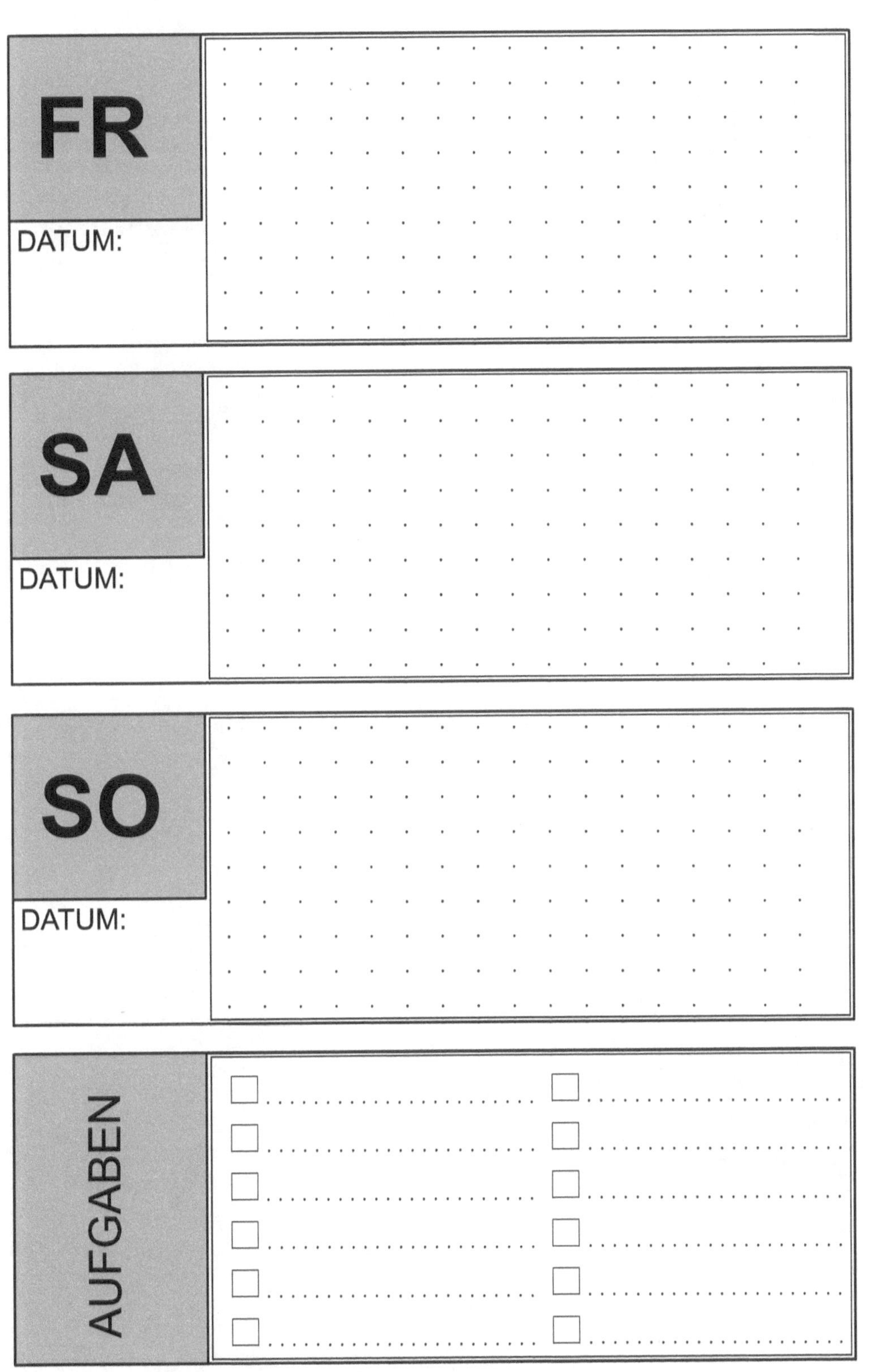
FR
DATUM:
SA
DATUM:
SO
DATUM:
AUFGABEN

MO

DATUM:

DI

DATUM:

MI

DATUM:

DO

DATUM:

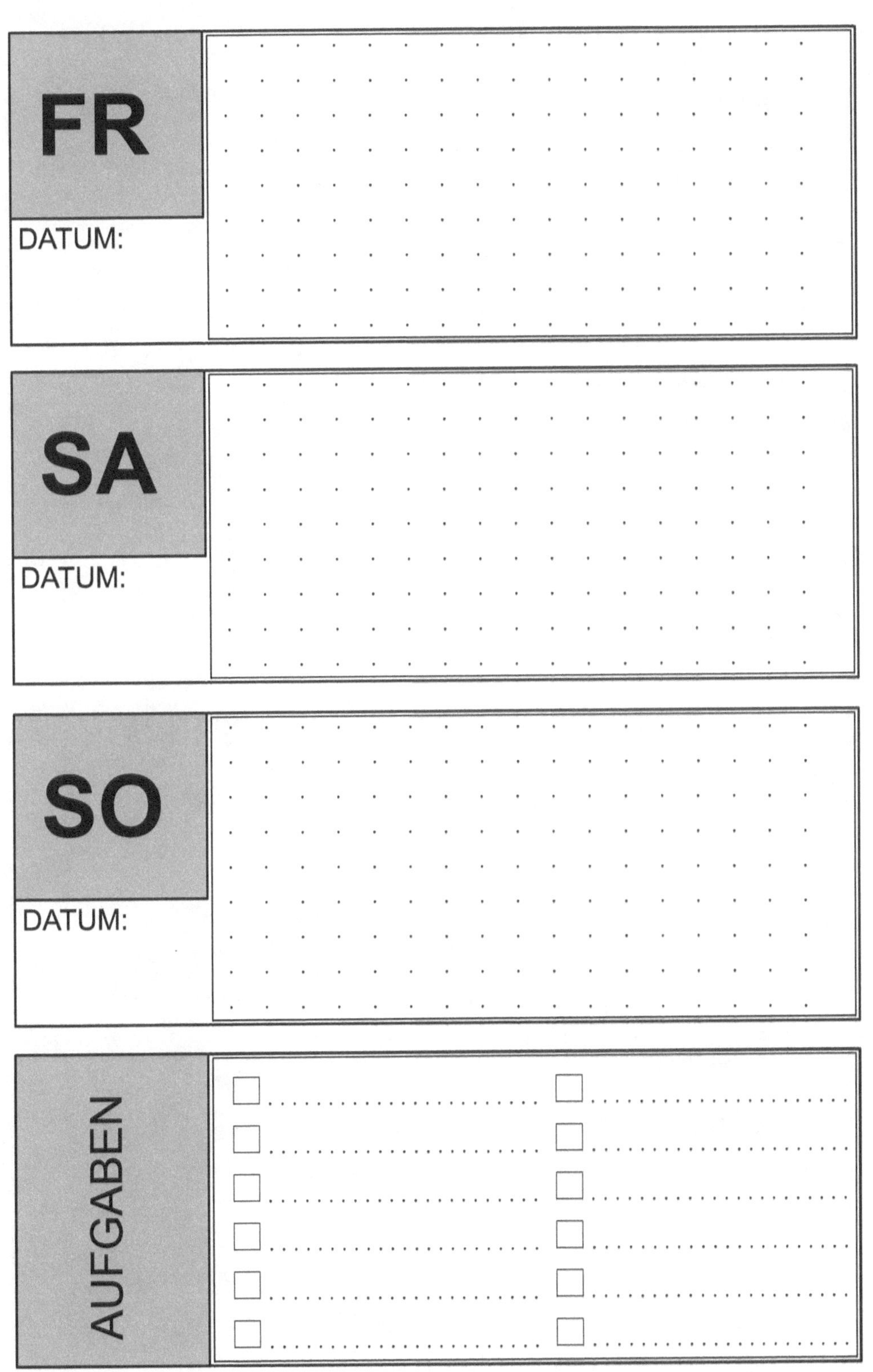

FR
DATUM:
SA
DATUM:
SO
DATUM:
AUFGABEN

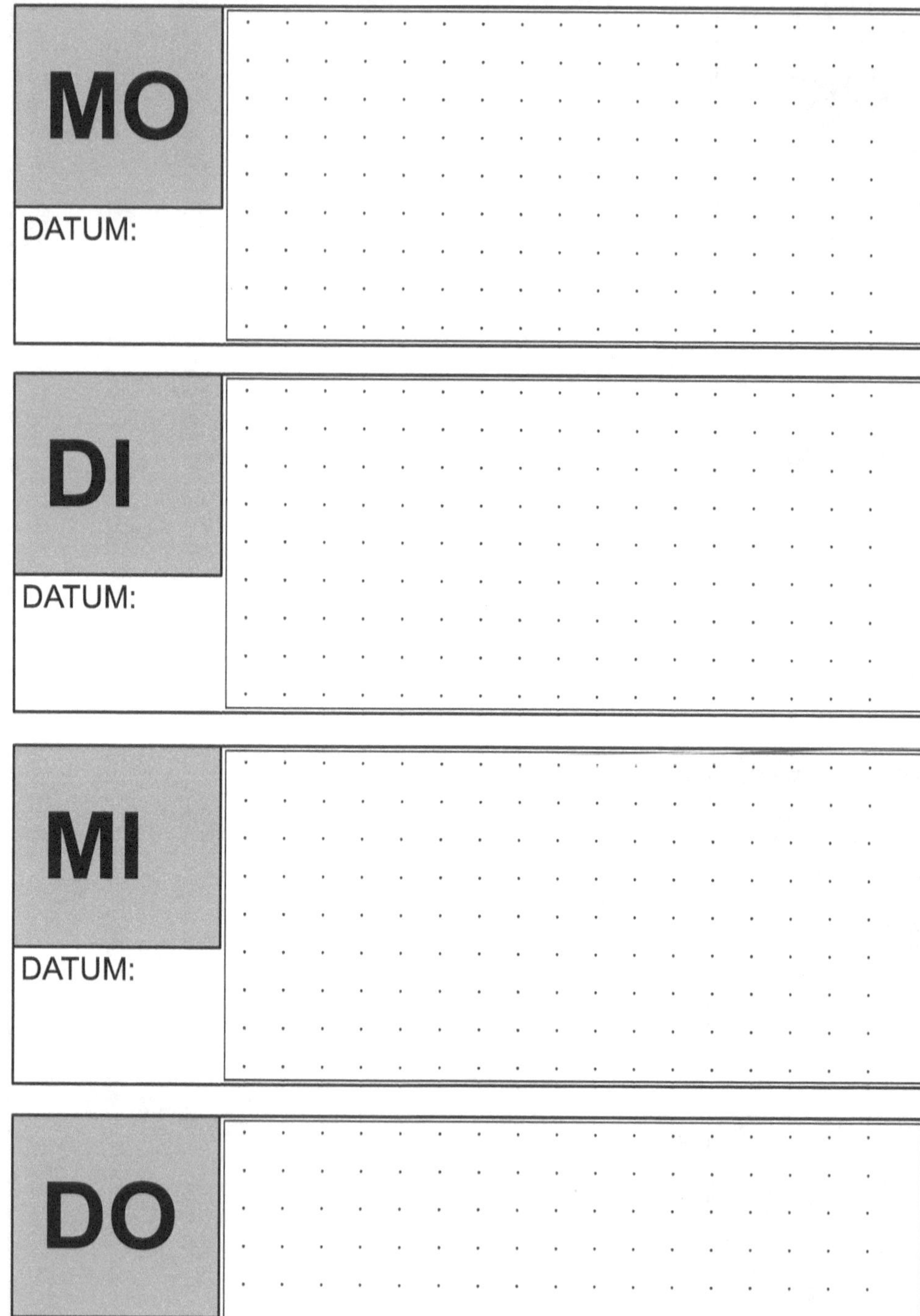
MO
DATUM:
DI
DATUM:
MI
DATUM:
DO
DATUM:

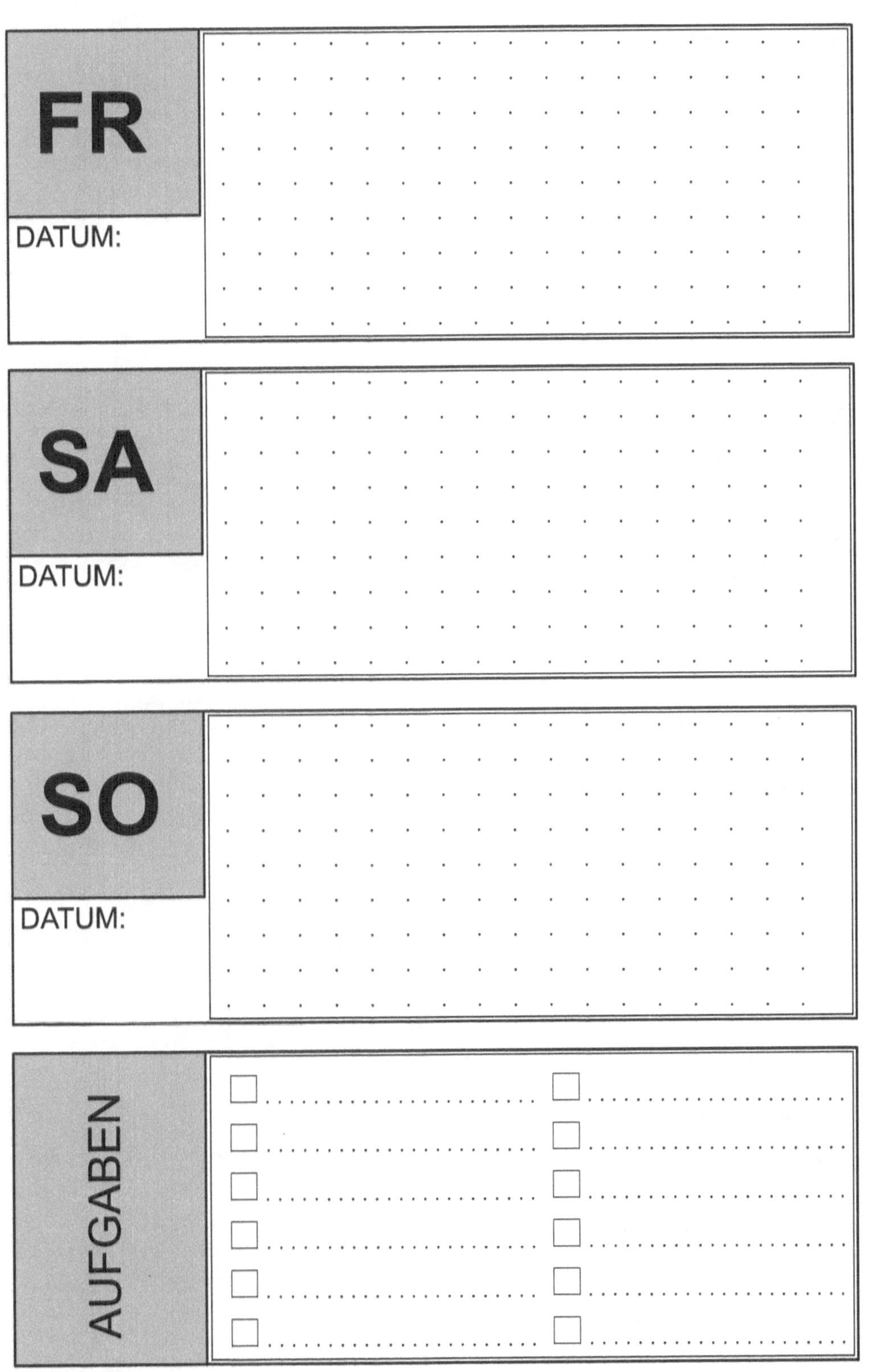
FR
DATUM:
SA
DATUM:
SO
DATUM:
AUFGABEN

MO

DATUM:

DI

DATUM:

MI

DATUM:

DO

DATUM:

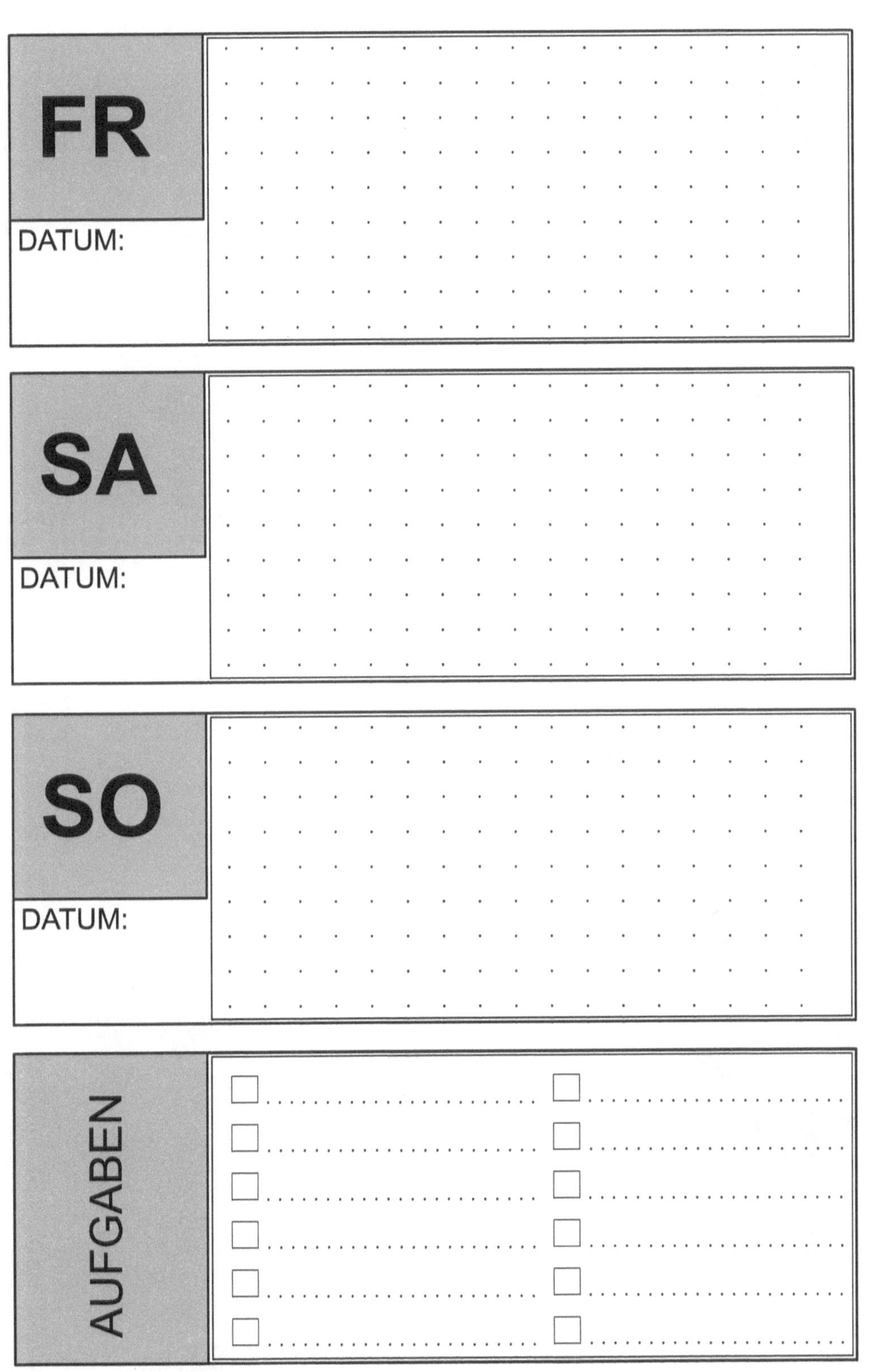
FR
DATUM:
SA
DATUM:
SO
DATUM:
AUFGABEN

**MO**

DATUM:

**DI**

DATUM:

**MI**

DATUM:

**DO**

DATUM:

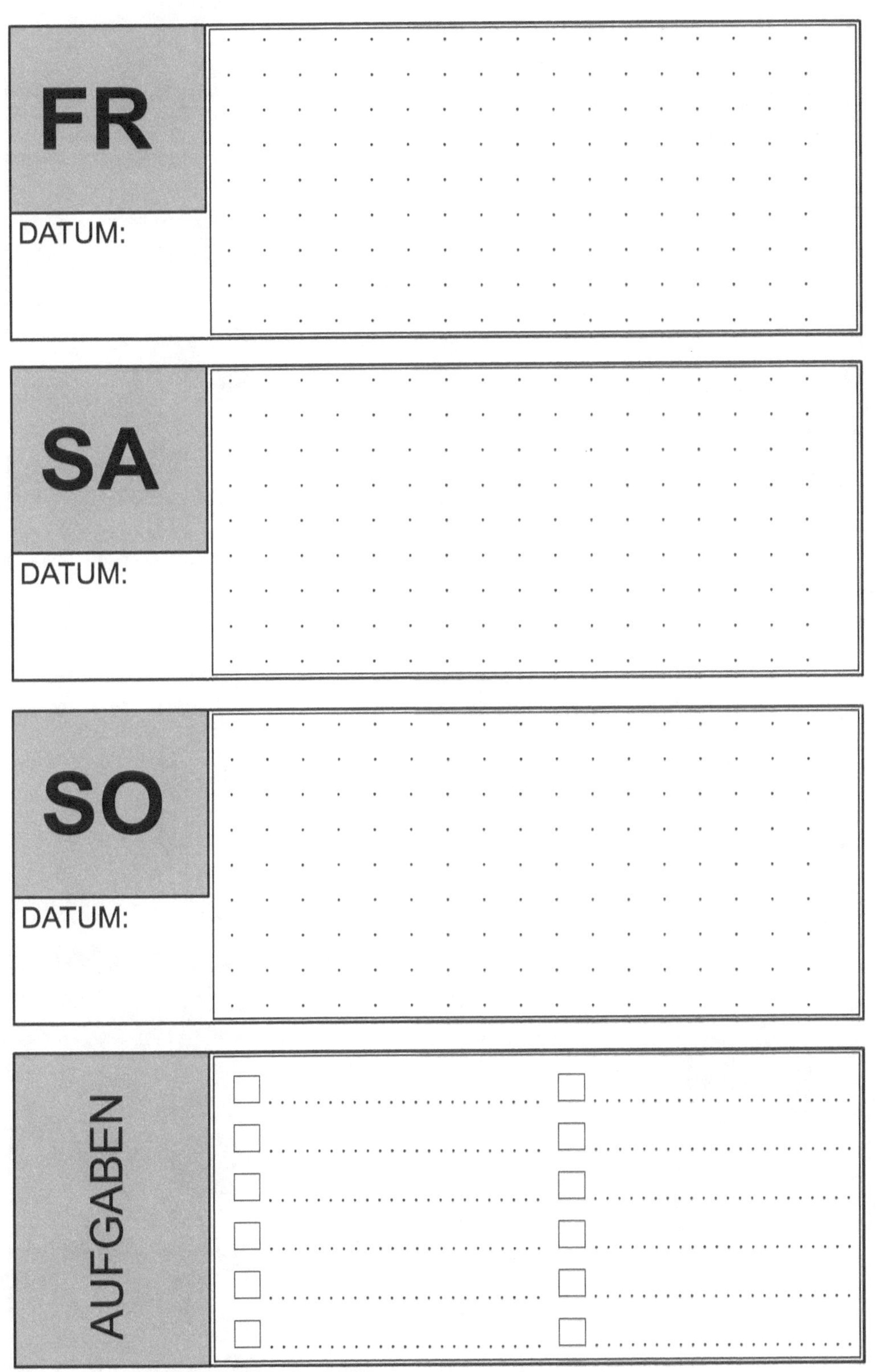
FR
DATUM:
SA
DATUM:
SO
DATUM:
AUFGABEN

**MO**

DATUM:

**DI**

DATUM:

**MI**

DATUM:

DATUM:

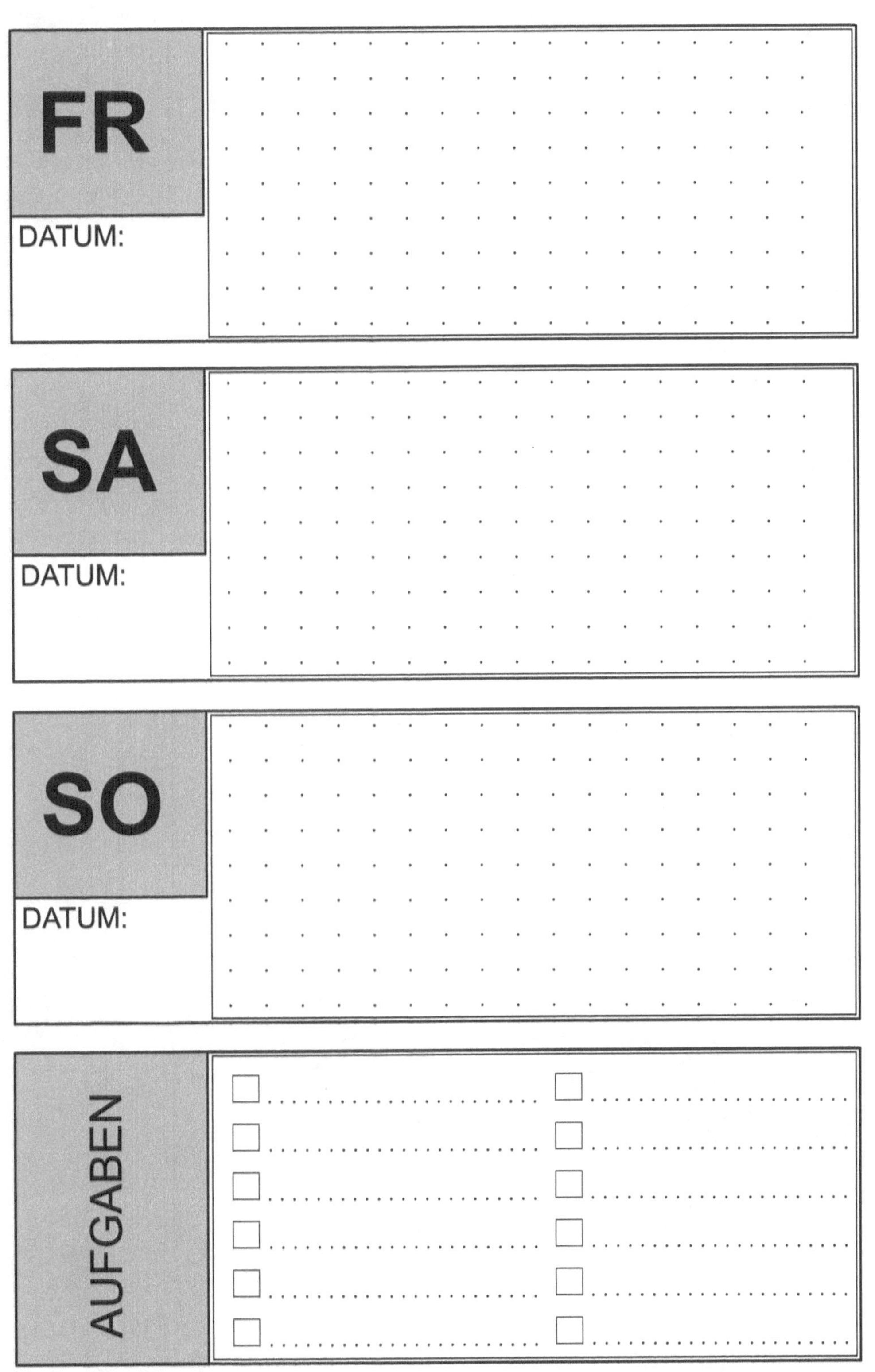
FR
DATUM:
SA
DATUM:
SO
DATUM:
AUFGABEN

MO

DATUM:

DI

DATUM:

MI

DATUM:

DO

DATUM:

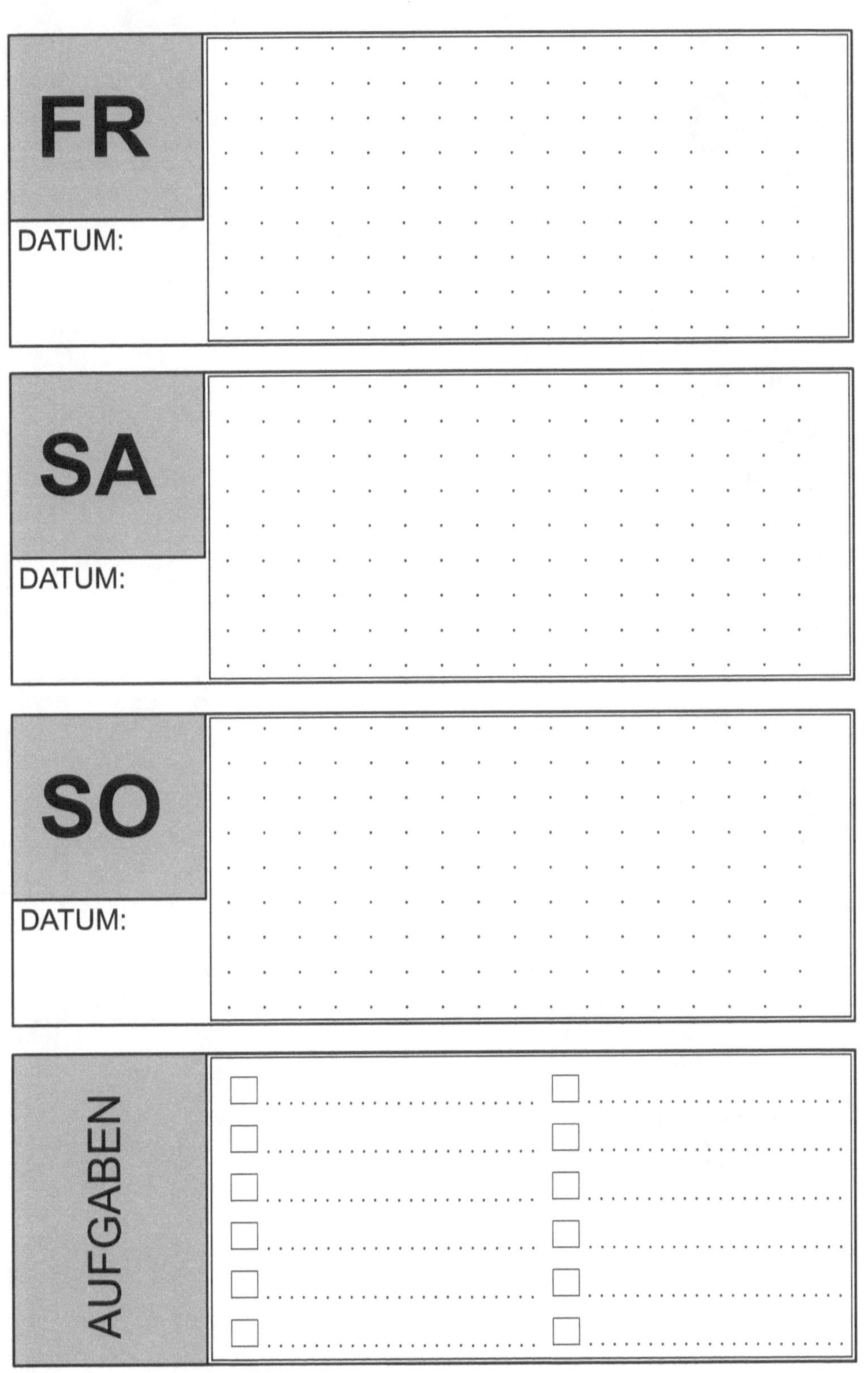
FR
DATUM:
SA
DATUM:
SO
DATUM:
AUFGABEN

MO

DATUM:

DI

DATUM:

MI

DATUM:

DO

DATUM:

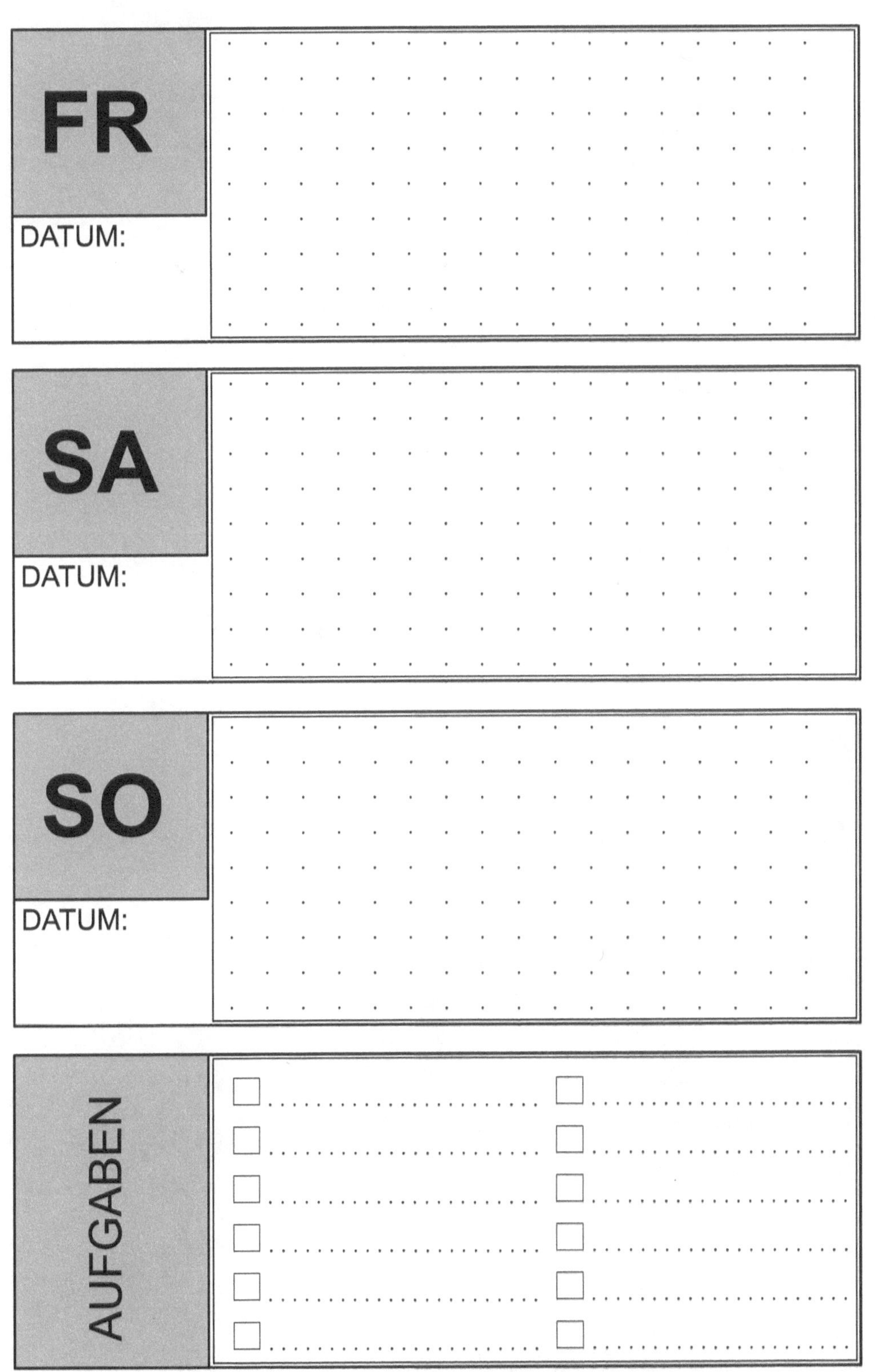
FR
DATUM:
SA
DATUM:
SO
DATUM:
AUFGABEN

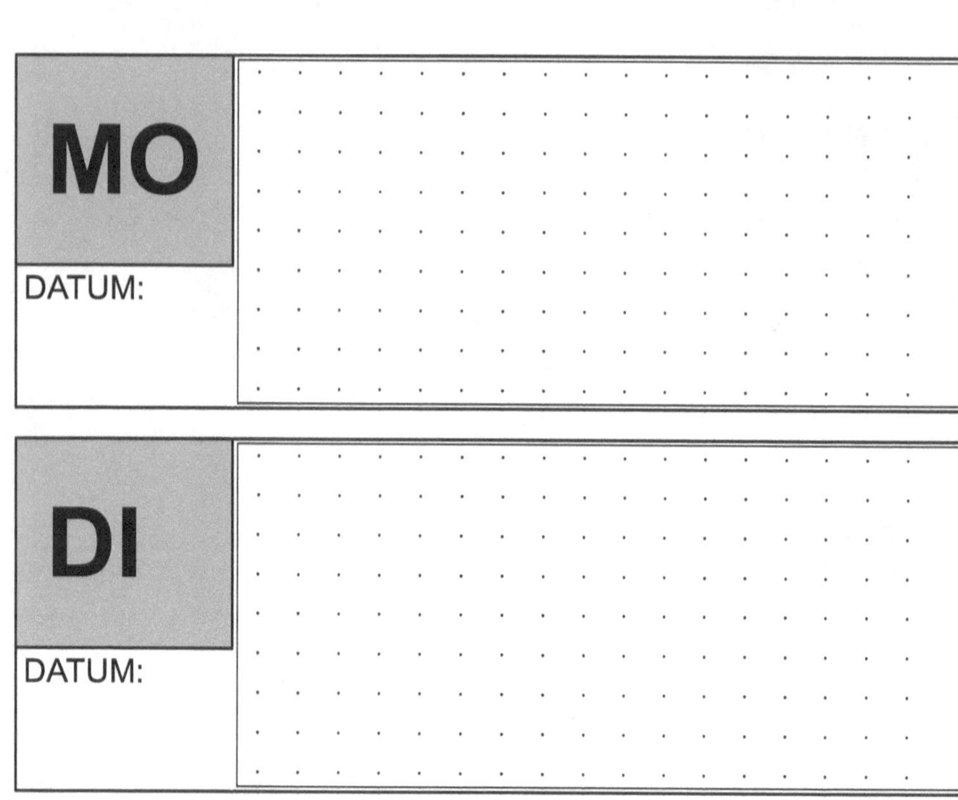


MI

DATUM:

DO

DATUM:

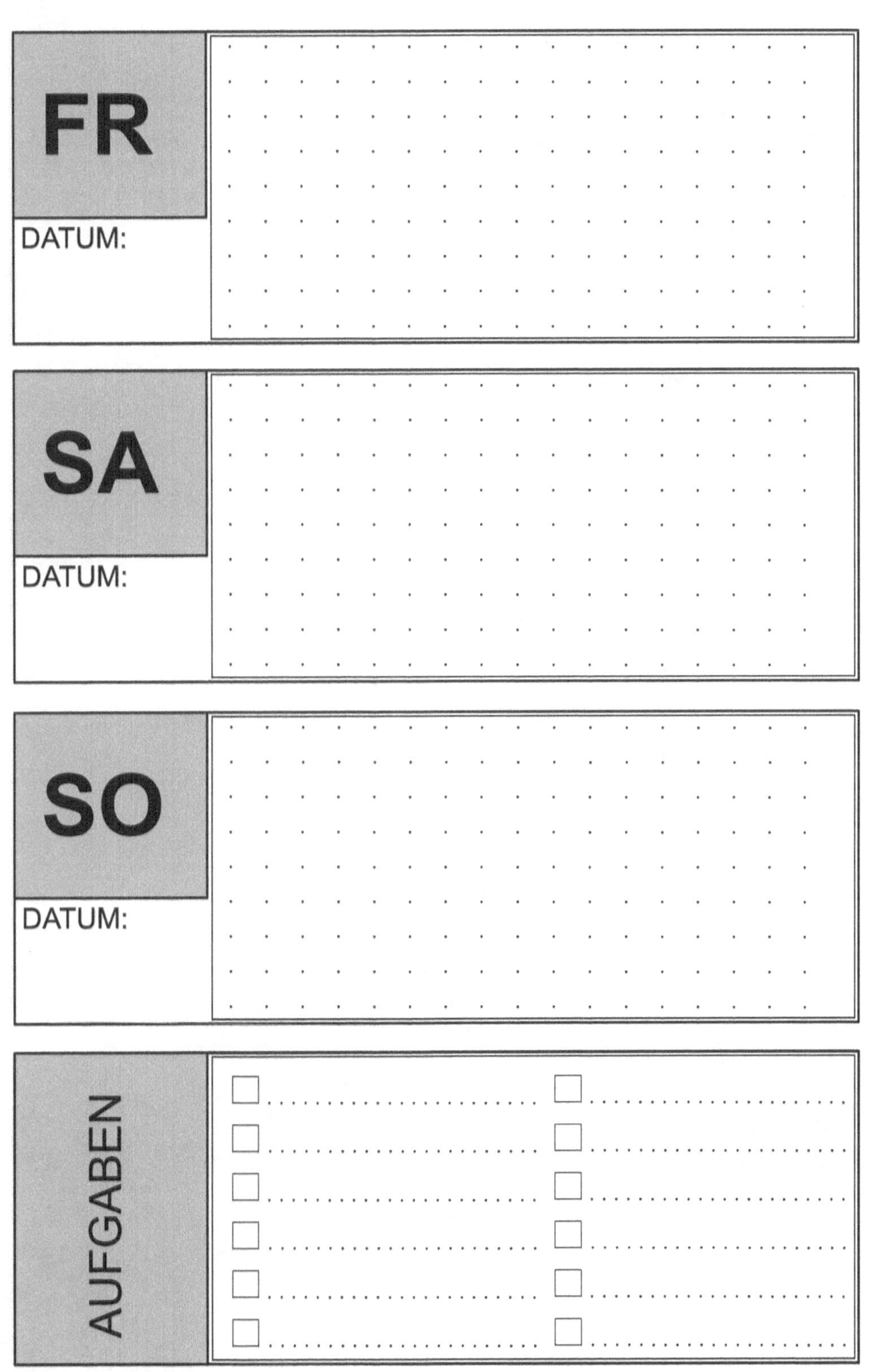
FR
DATUM:
SA
DATUM:
SO
DATUM:
AUFGABEN

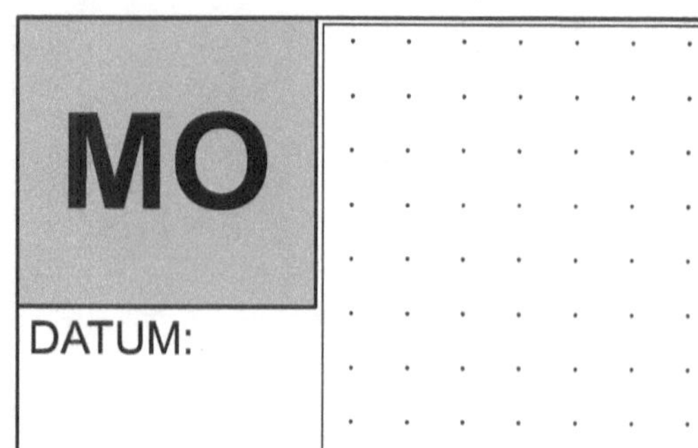


DATUM:

DI

DATUM:

MI

DATUM:

DO

DATUM:

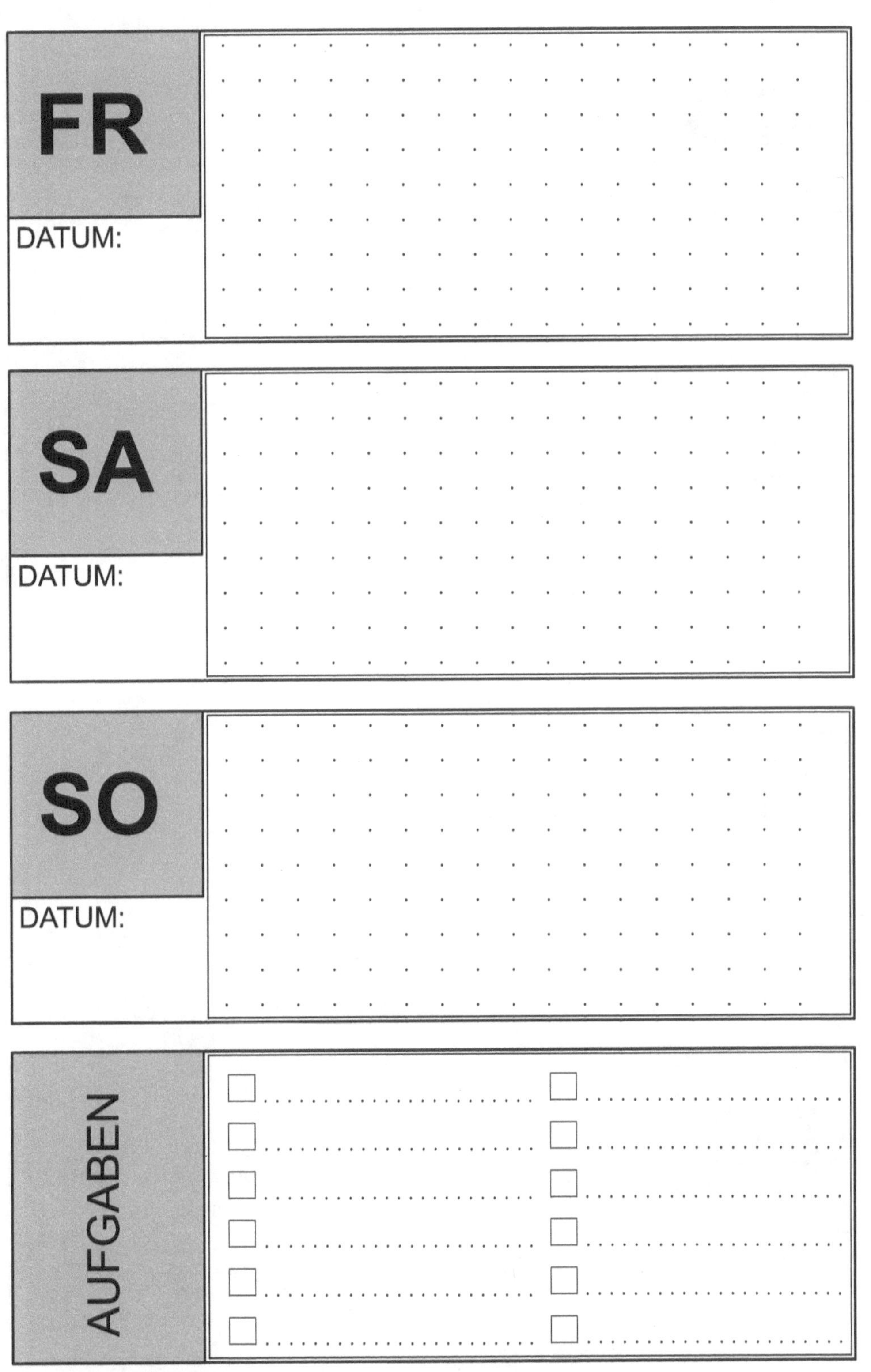
FR
DATUM:
SA
DATUM:
SO
DATUM:
AUFGABEN

**MO**

DATUM:

**DI**

DATUM:

**MI**

DATUM:

**DO**

DATUM:

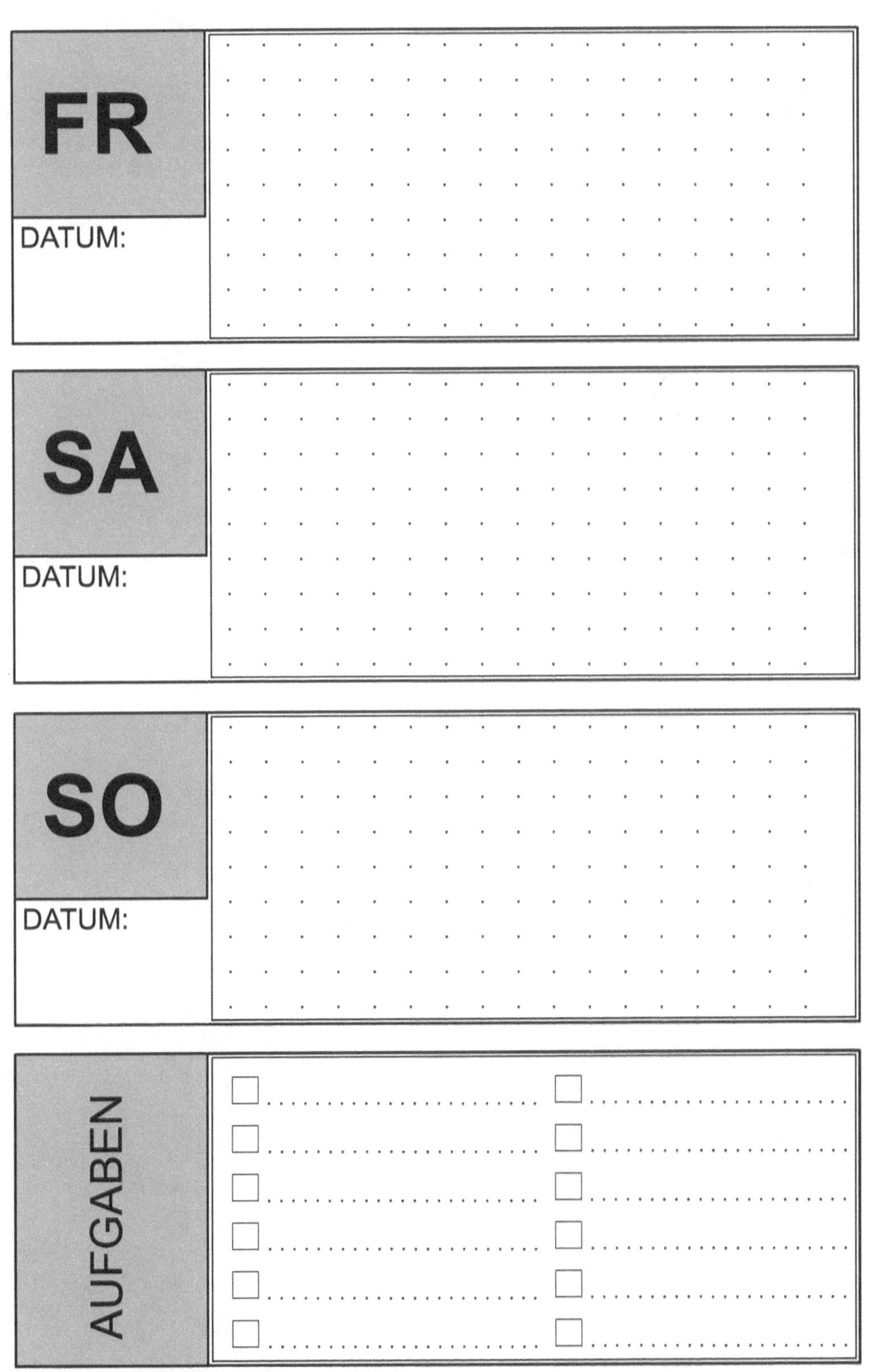
FR
DATUM:
SA
DATUM:
SO
DATUM:
AUFGABEN

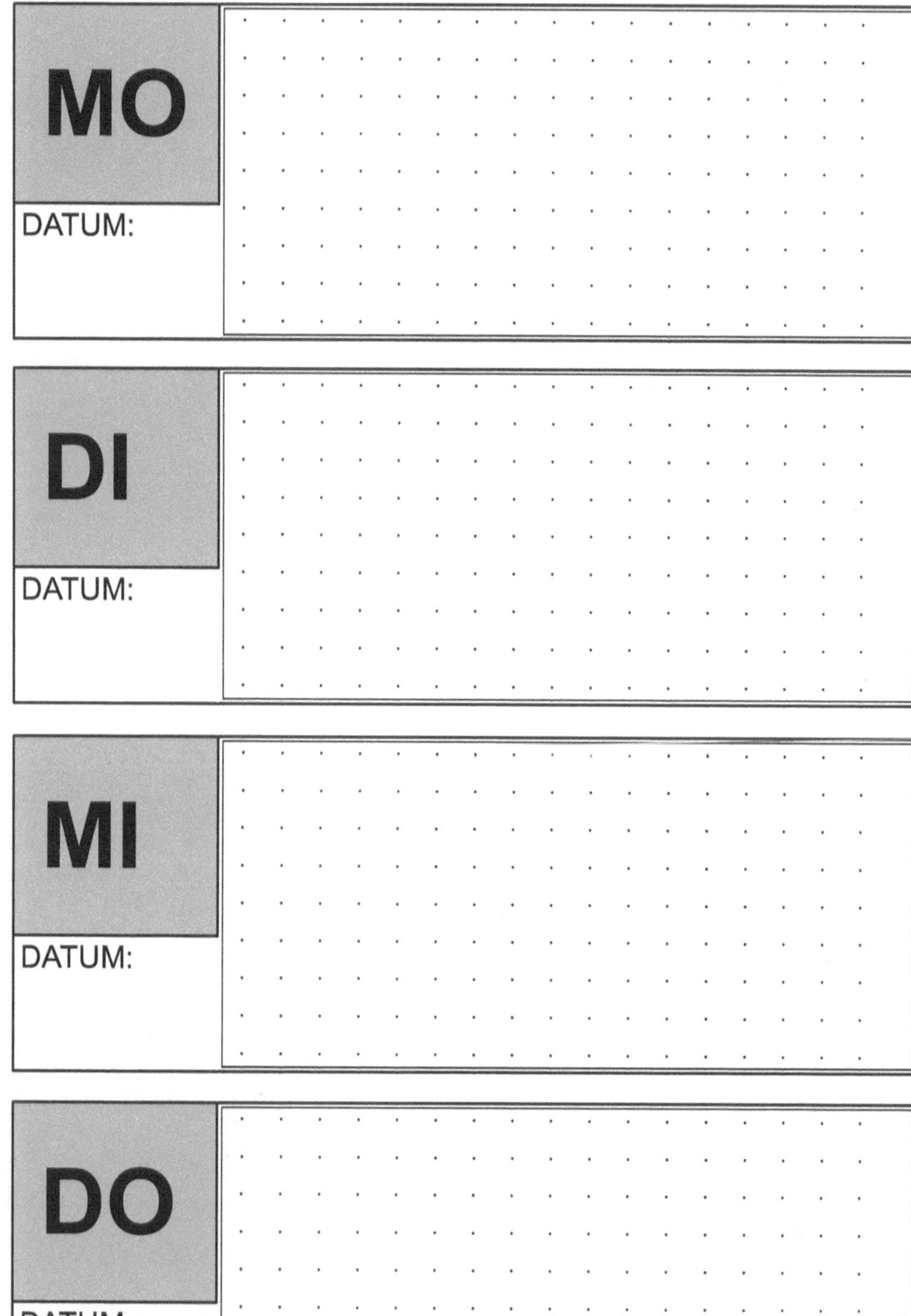
MO
DATUM:
DI
DATUM:
MI
DATUM:
DO
DATUM:

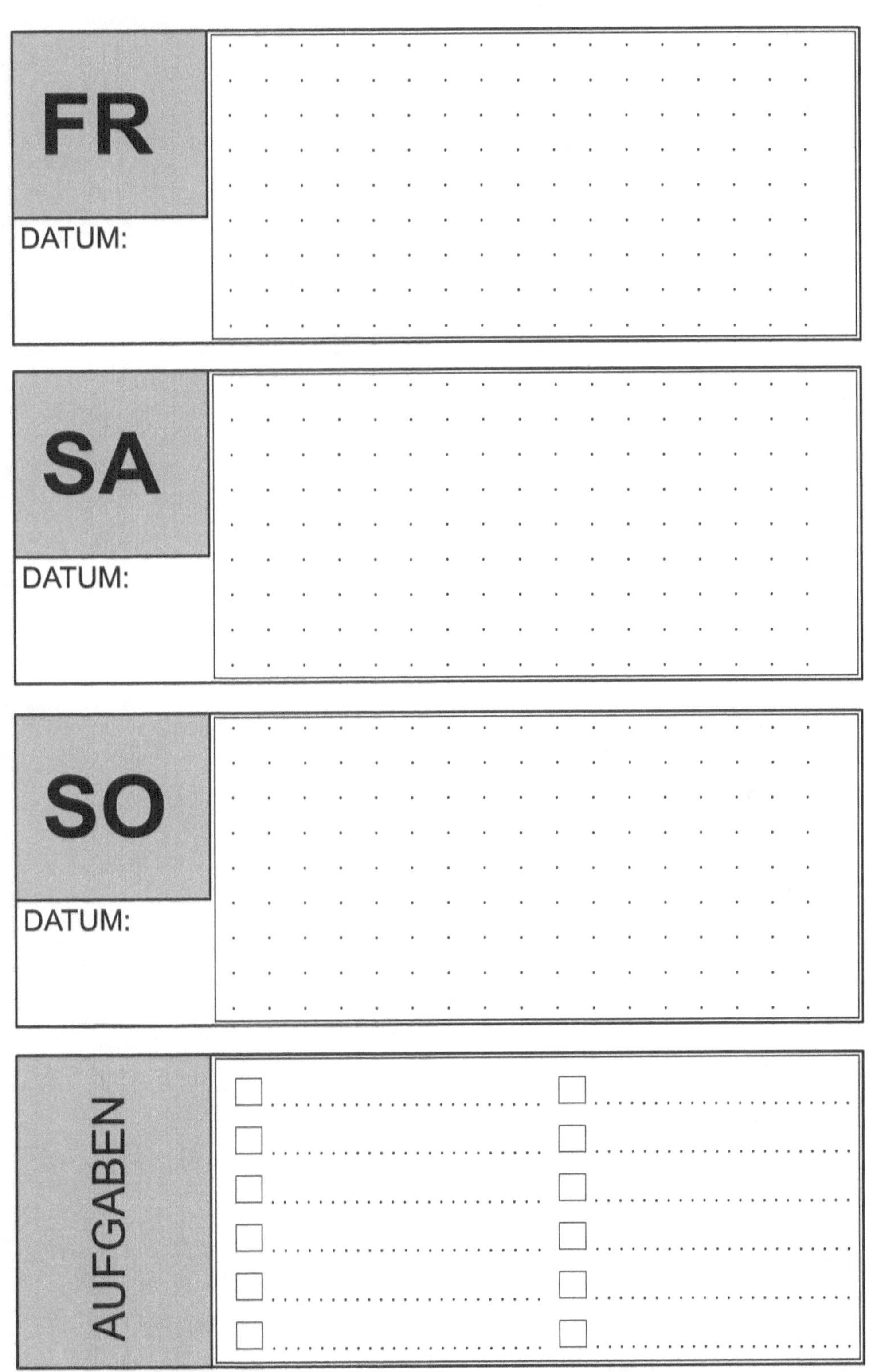
FR
DATUM:
SA
DATUM:
SO
DATUM:
AUFGABEN

MO

DATUM:

DI

DATUM:

MI

DATUM:

DO

DATUM:

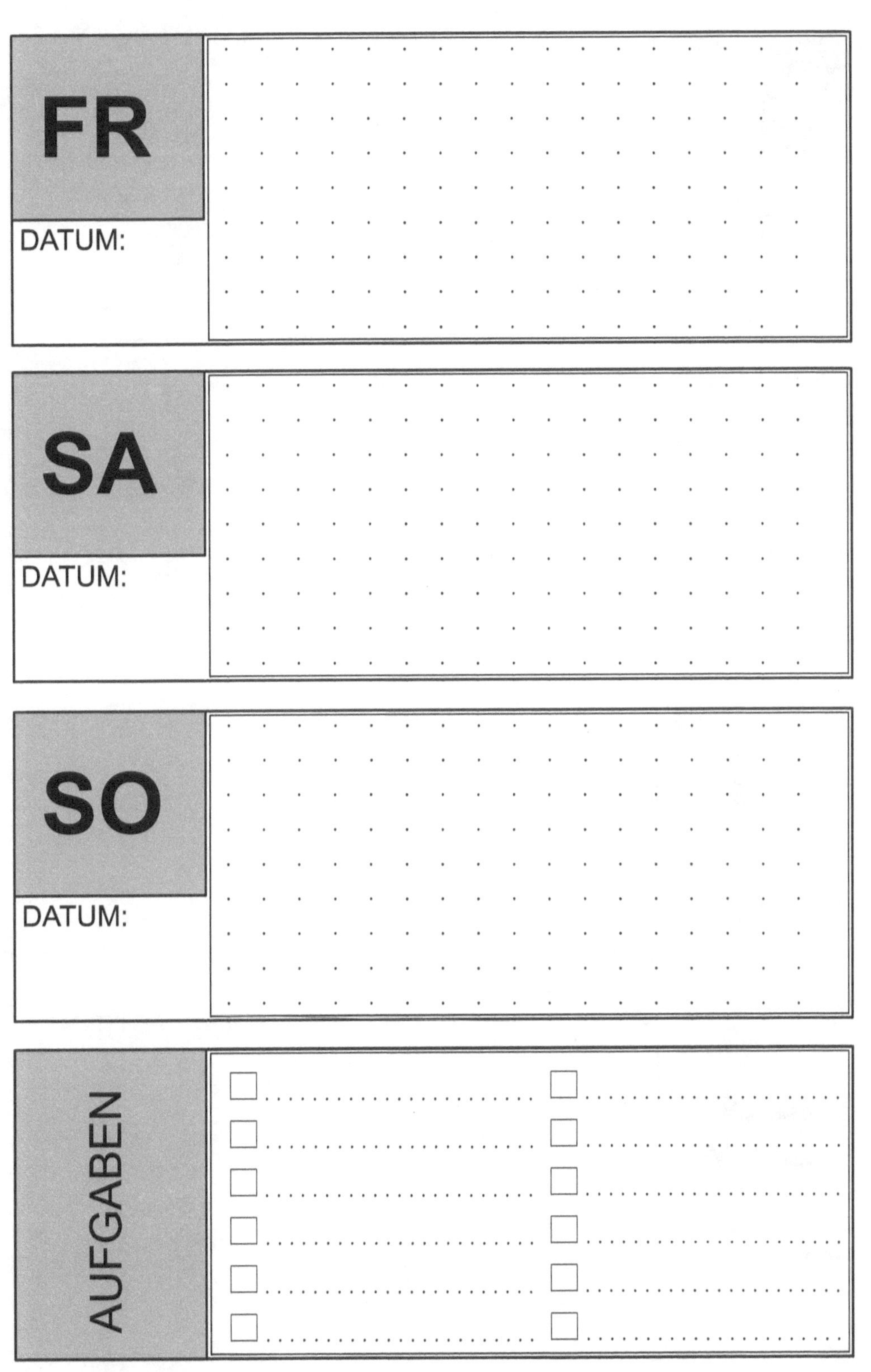
FR
DATUM:
SA
DATUM:
SO
DATUM:
AUFGABEN

MO

DATUM:

DI

DATUM:

MI

DATUM:

DO

DATUM:

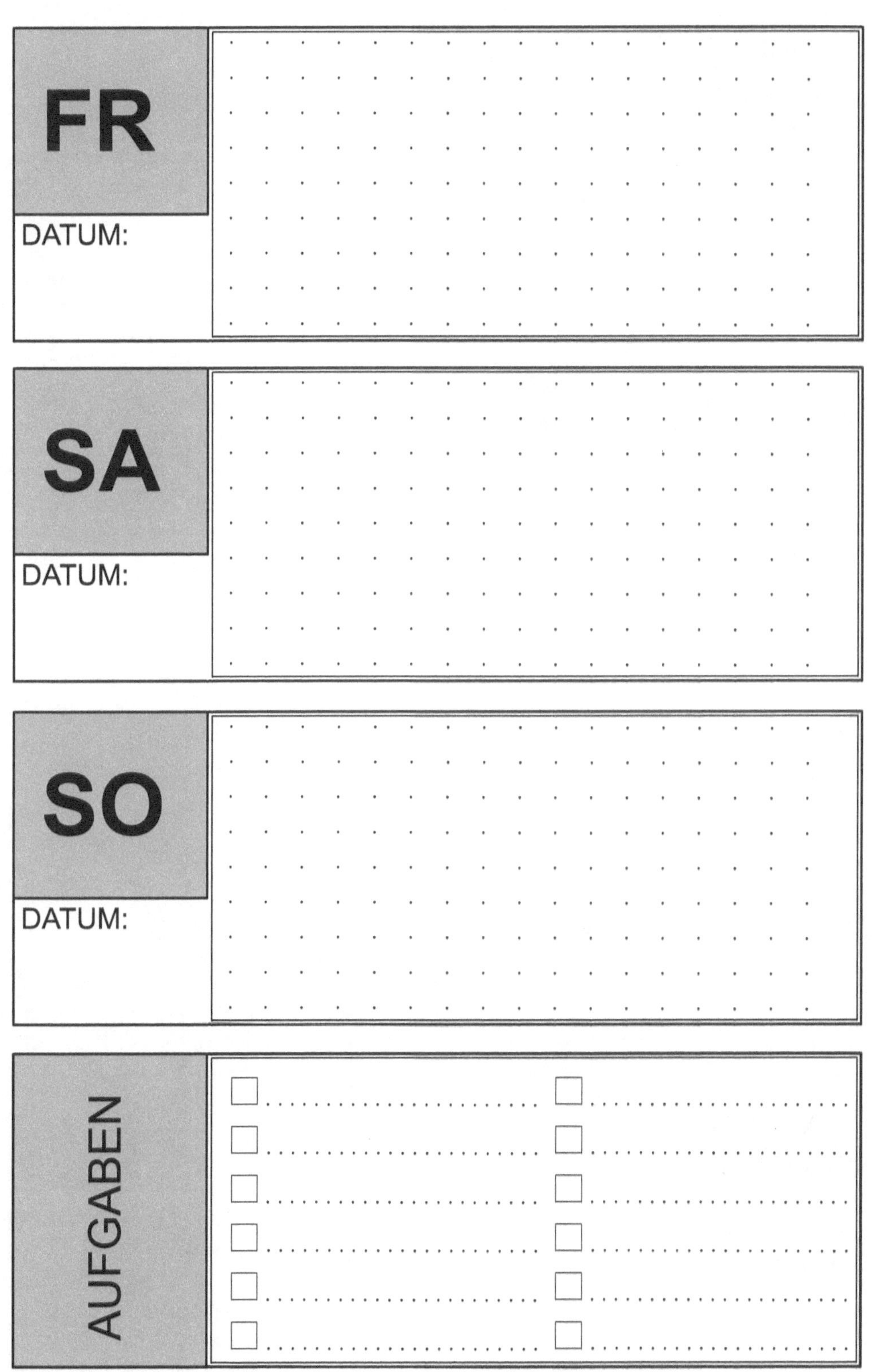
FR
DATUM:
SA
DATUM:
SO
DATUM:
AUFGABEN

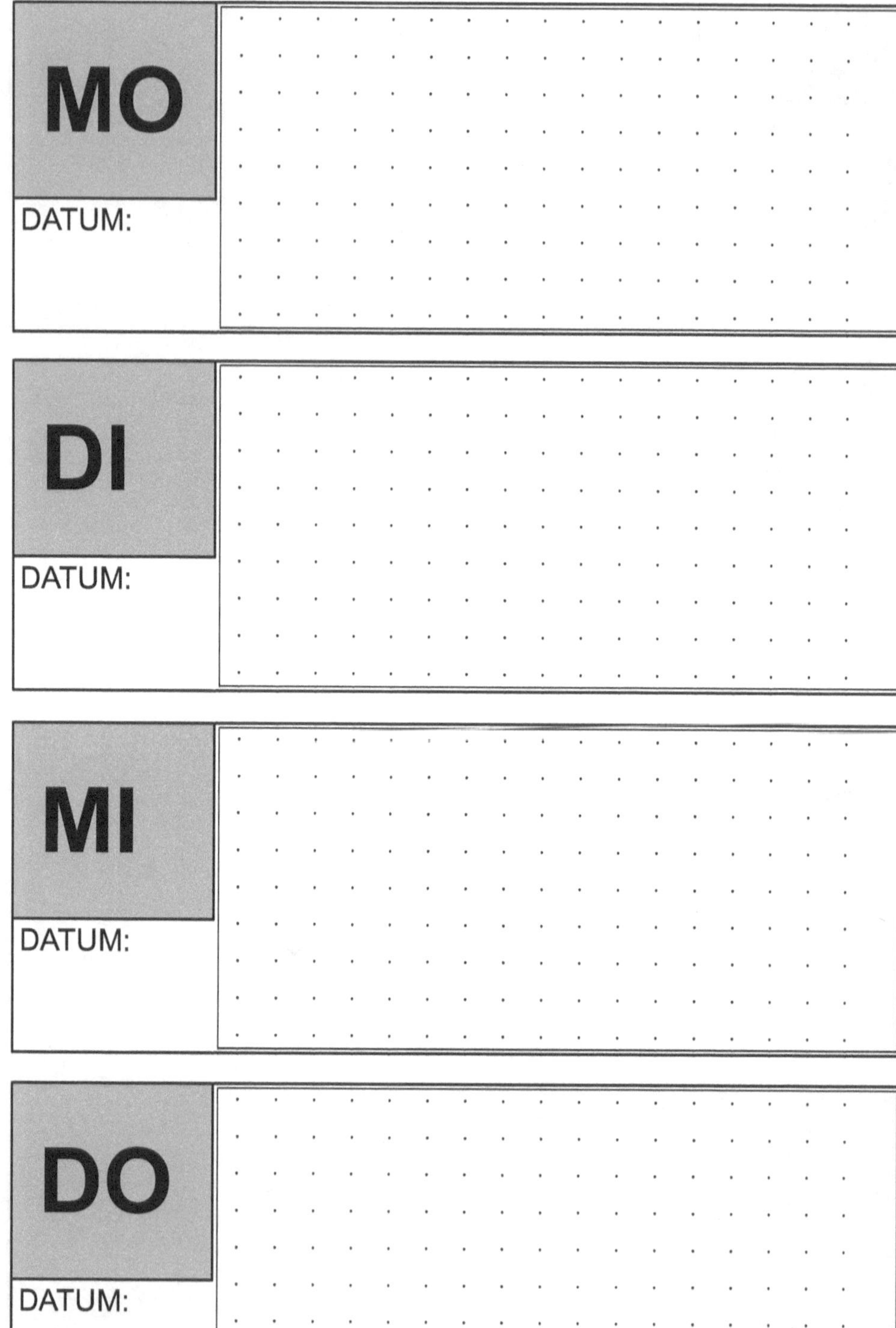

MO
DATUM:
DI
DATUM:
MI
DATUM:
DO
DATUM:

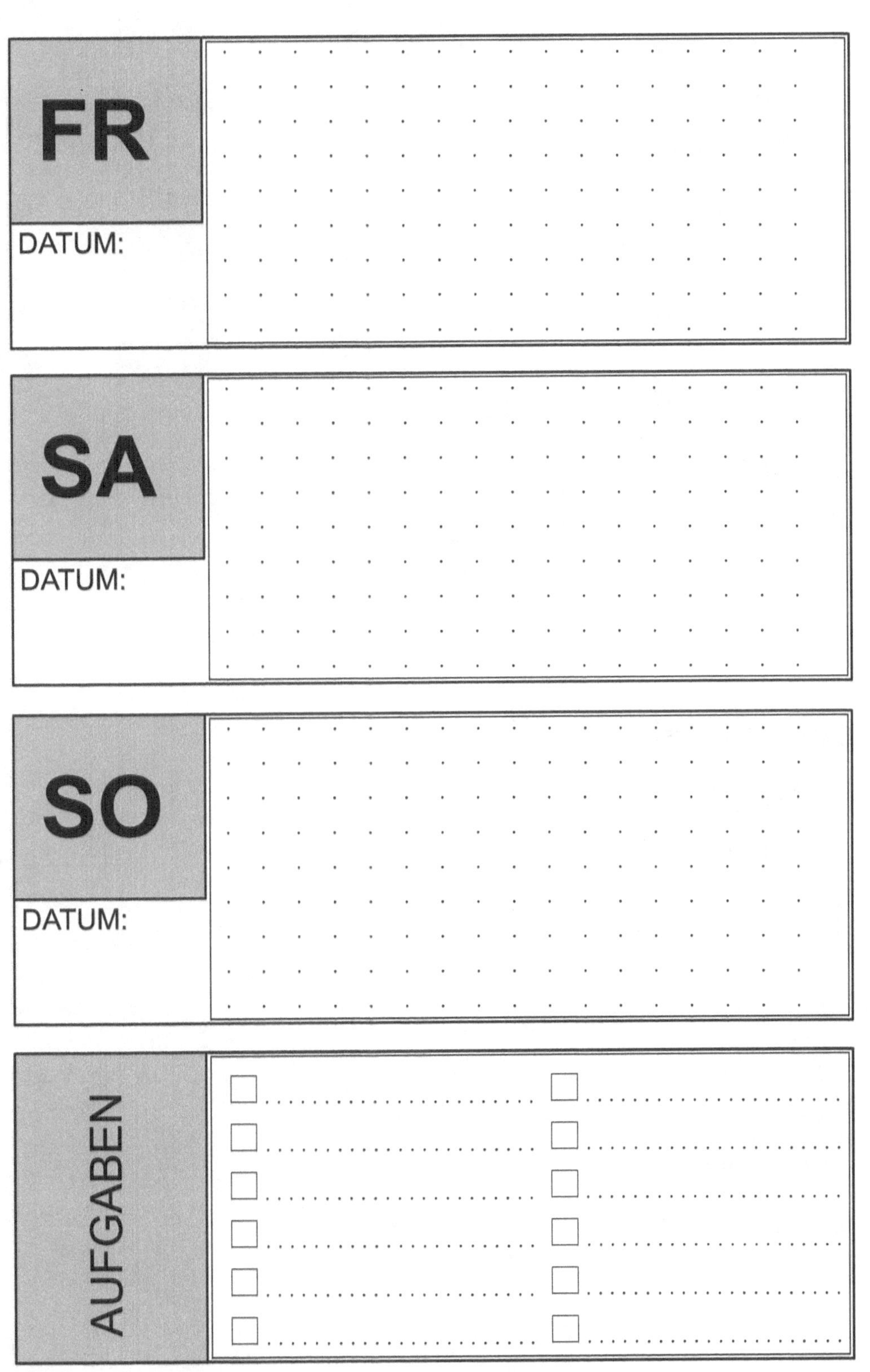
FR
DATUM:
SA
DATUM:
SO
DATUM:
AUFGABEN

DATUM:

DI

DATUM:

MI

DATUM:

DO

DATUM:

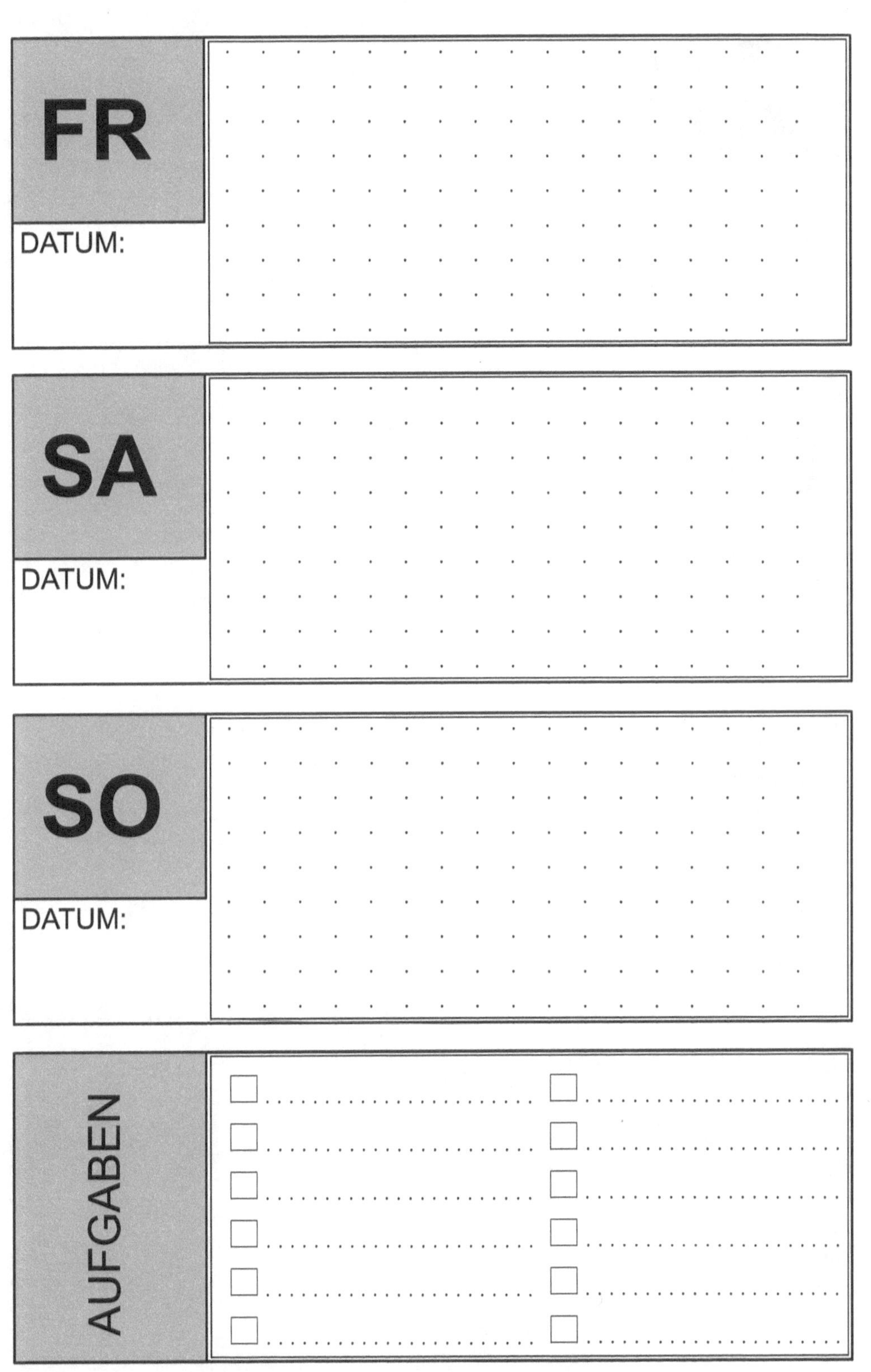
FR
DATUM:
SA
DATUM:
SO
DATUM:
AUFGABEN

MO

DATUM:

DI

DATUM:

MI

DATUM:

DO

DATUM:

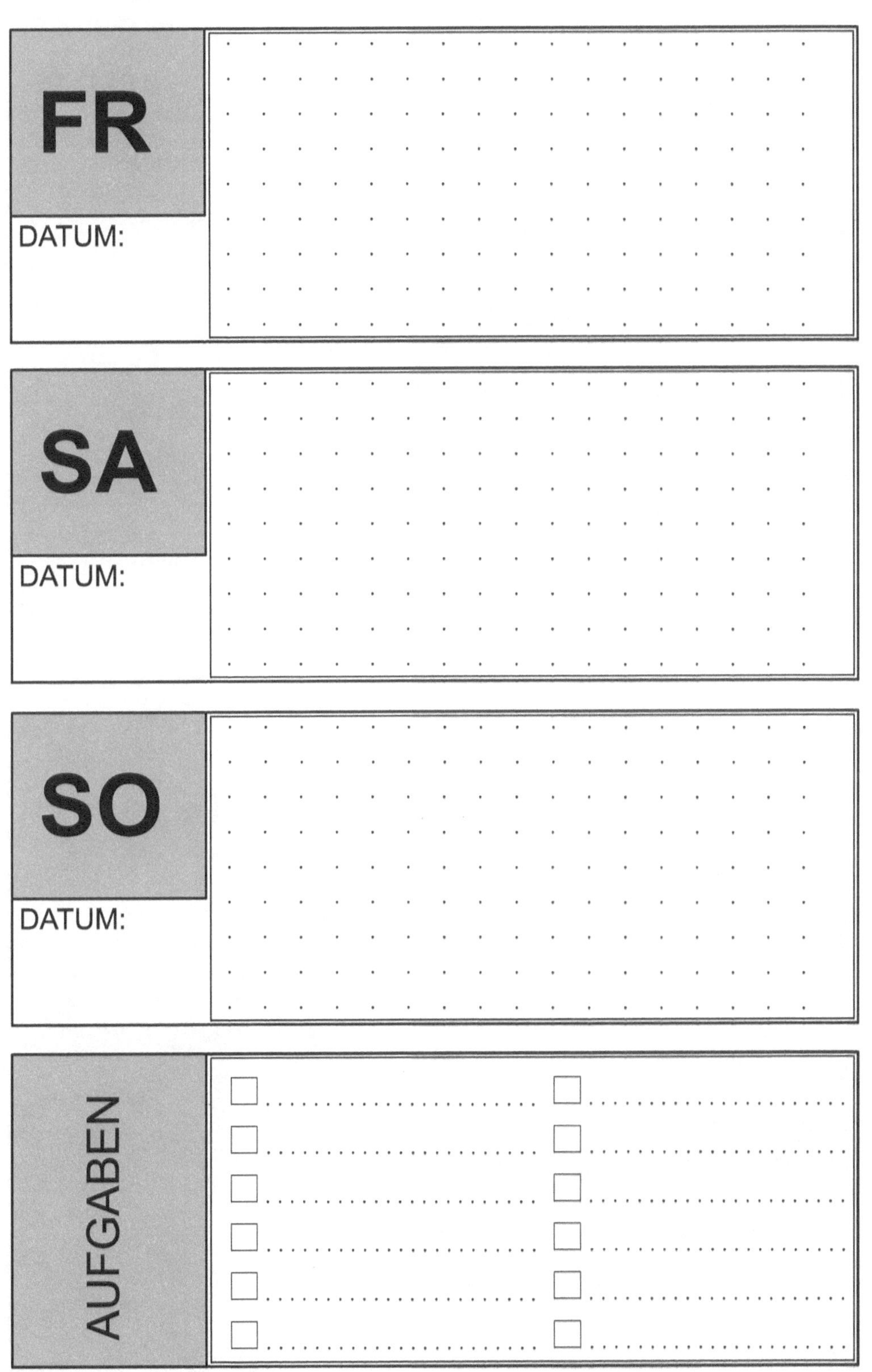
FR
DATUM:
SA
DATUM:
SO
DATUM:
AUFGABEN

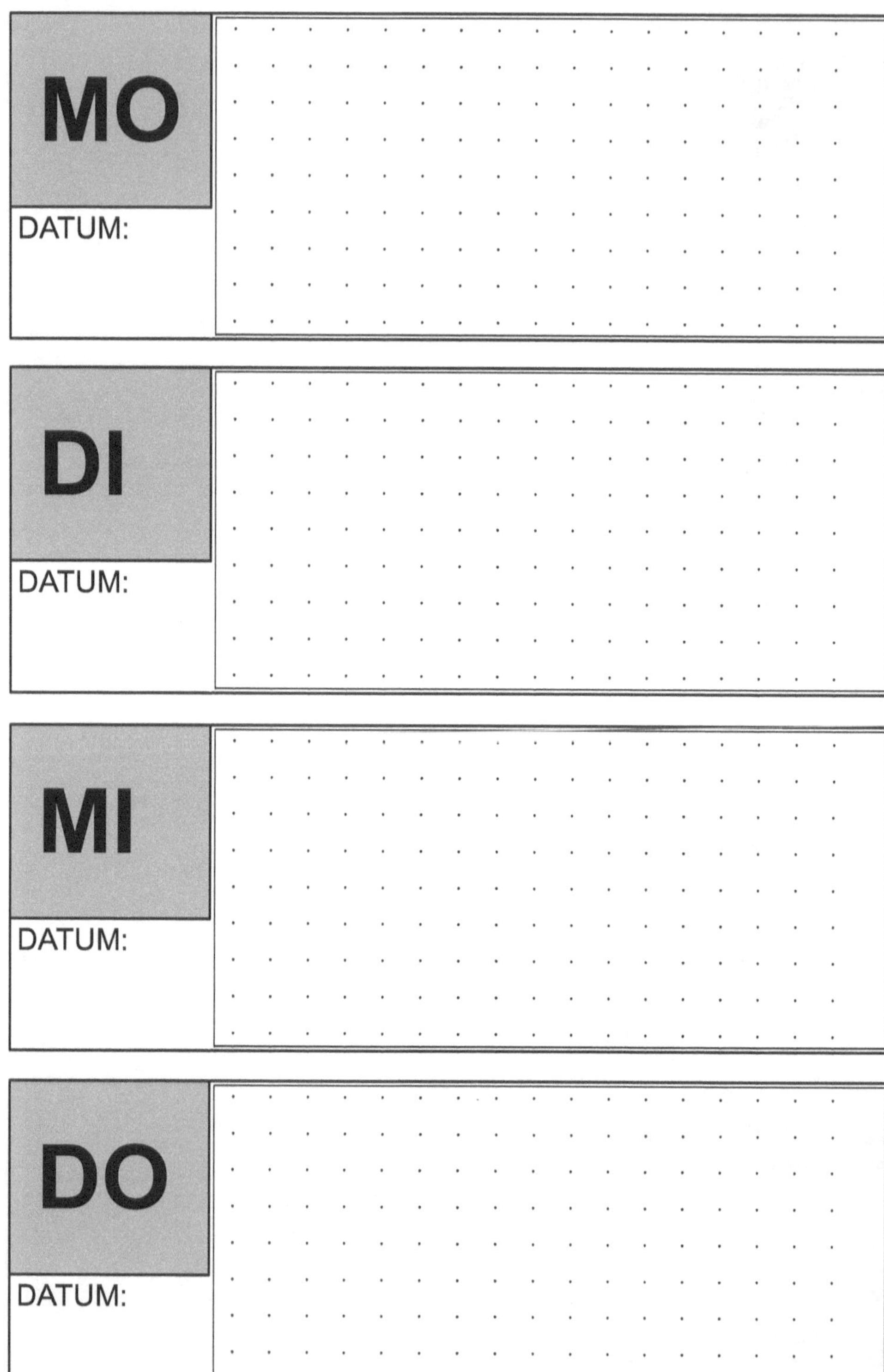
MO
DATUM:
DI
DATUM:
MI
DATUM:
DO
DATUM:

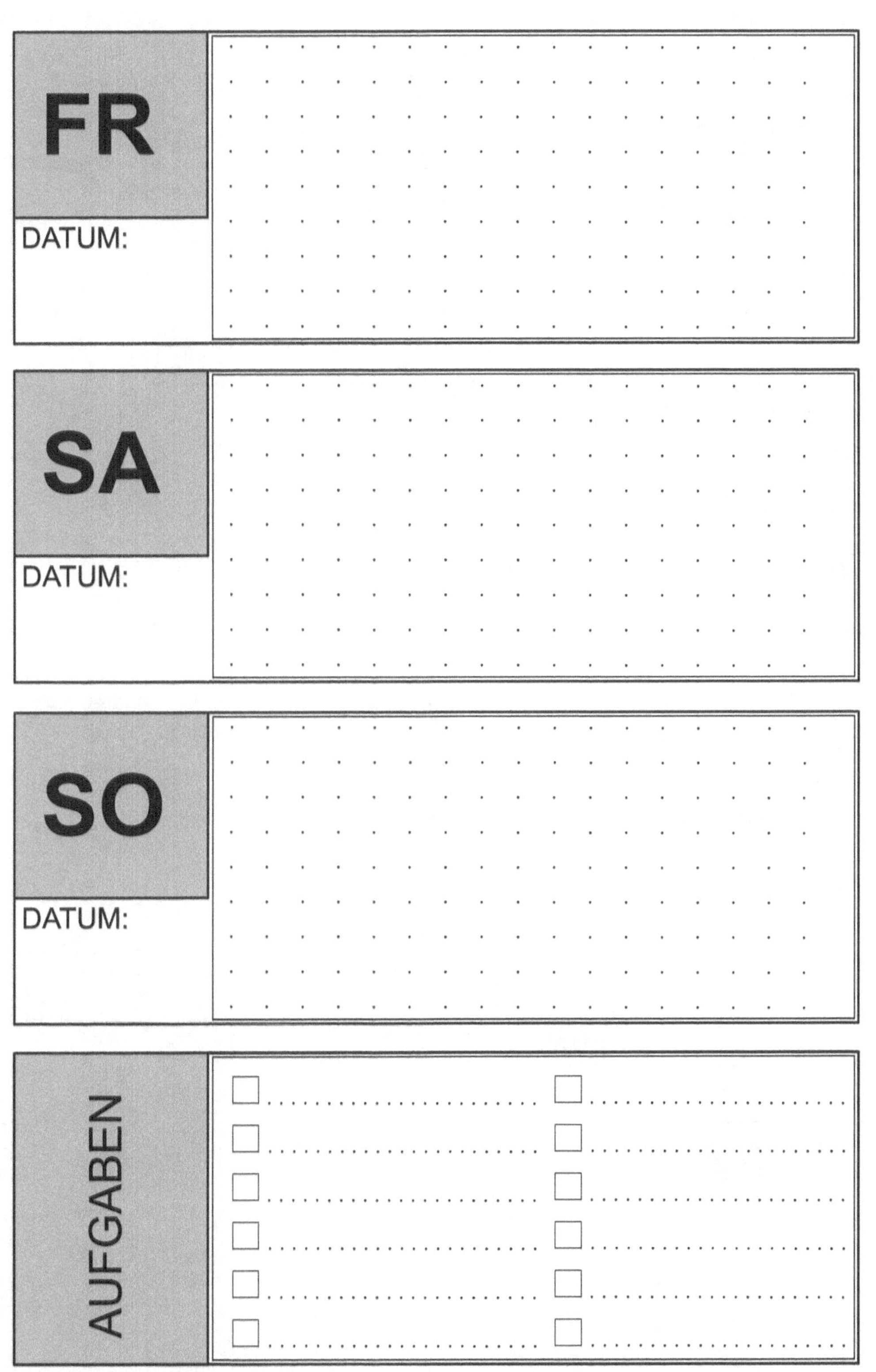
FR
DATUM:
SA
DATUM:
SO
DATUM:
AUFGABEN

DATUM:

DI

DATUM:

MI

DATUM:

DO

DATUM:

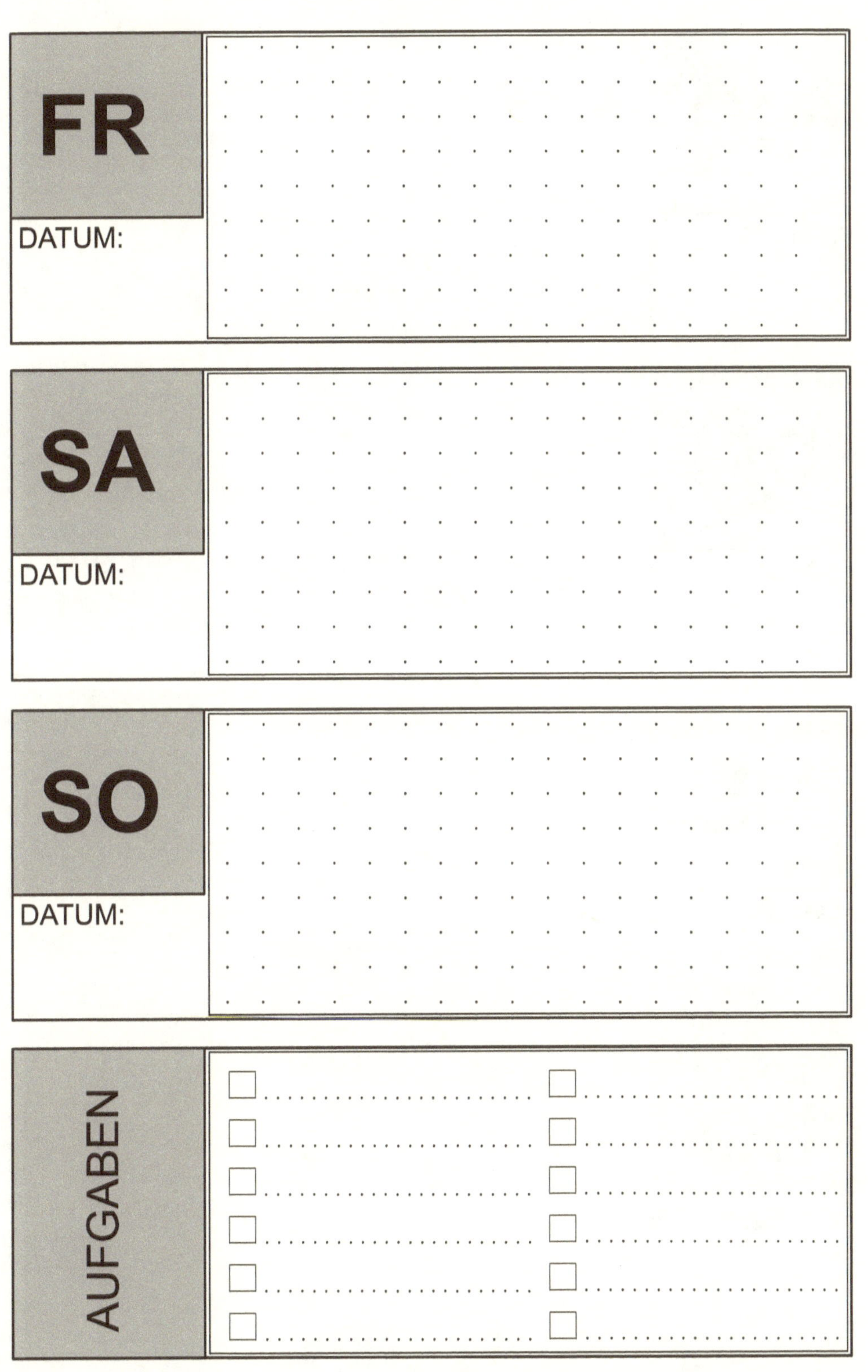
FR
DATUM:
SA
DATUM:
SO
DATUM:
AUFGABEN

MO

DATUM:

DI

DATUM:

MI

DATUM:

DO

DATUM:

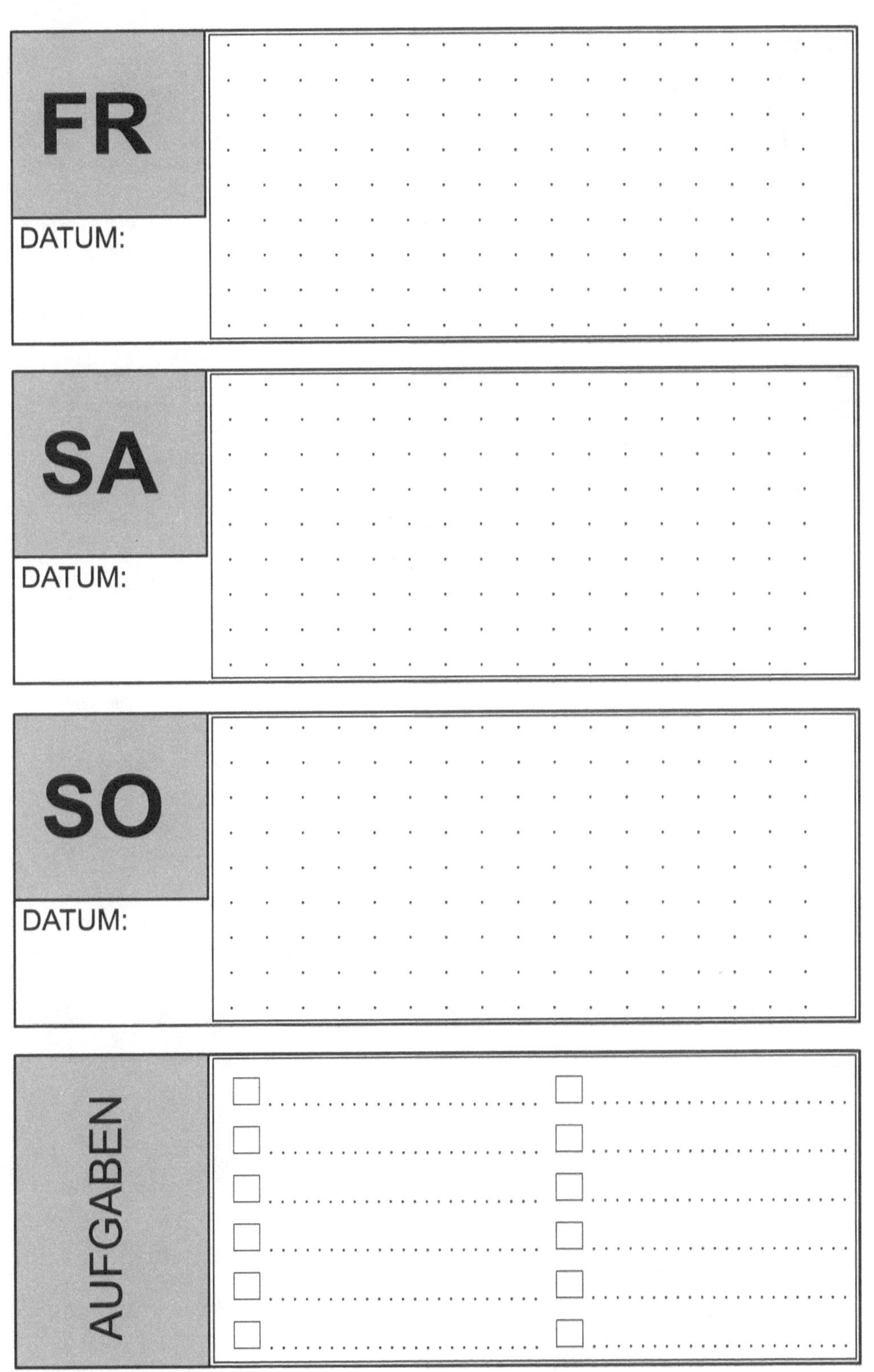
FR
DATUM:
SA
DATUM:
SO
DATUM:
AUFGABEN

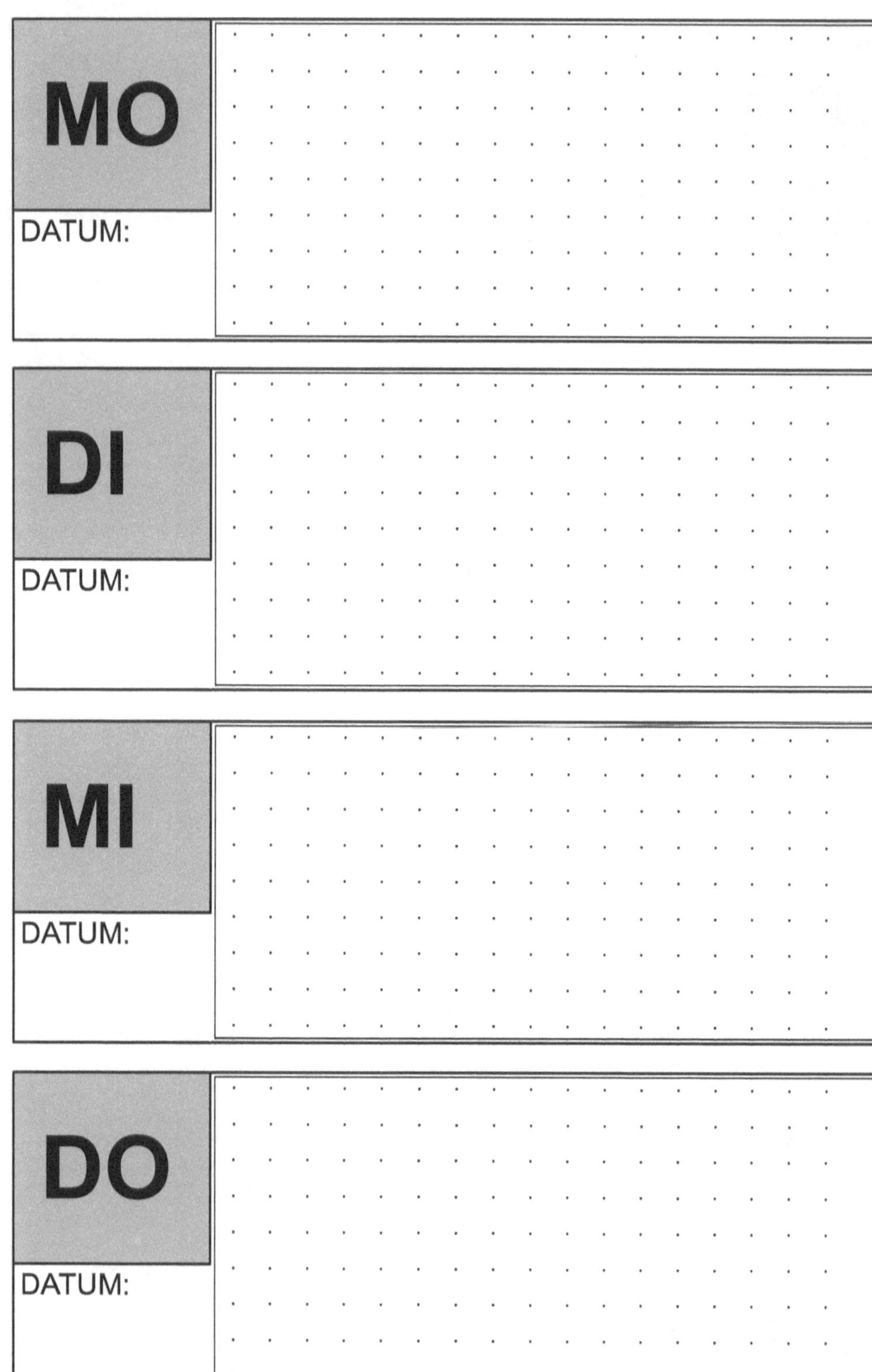
MO
DATUM:
DI
DATUM:
MI
DATUM:
DO
DATUM:

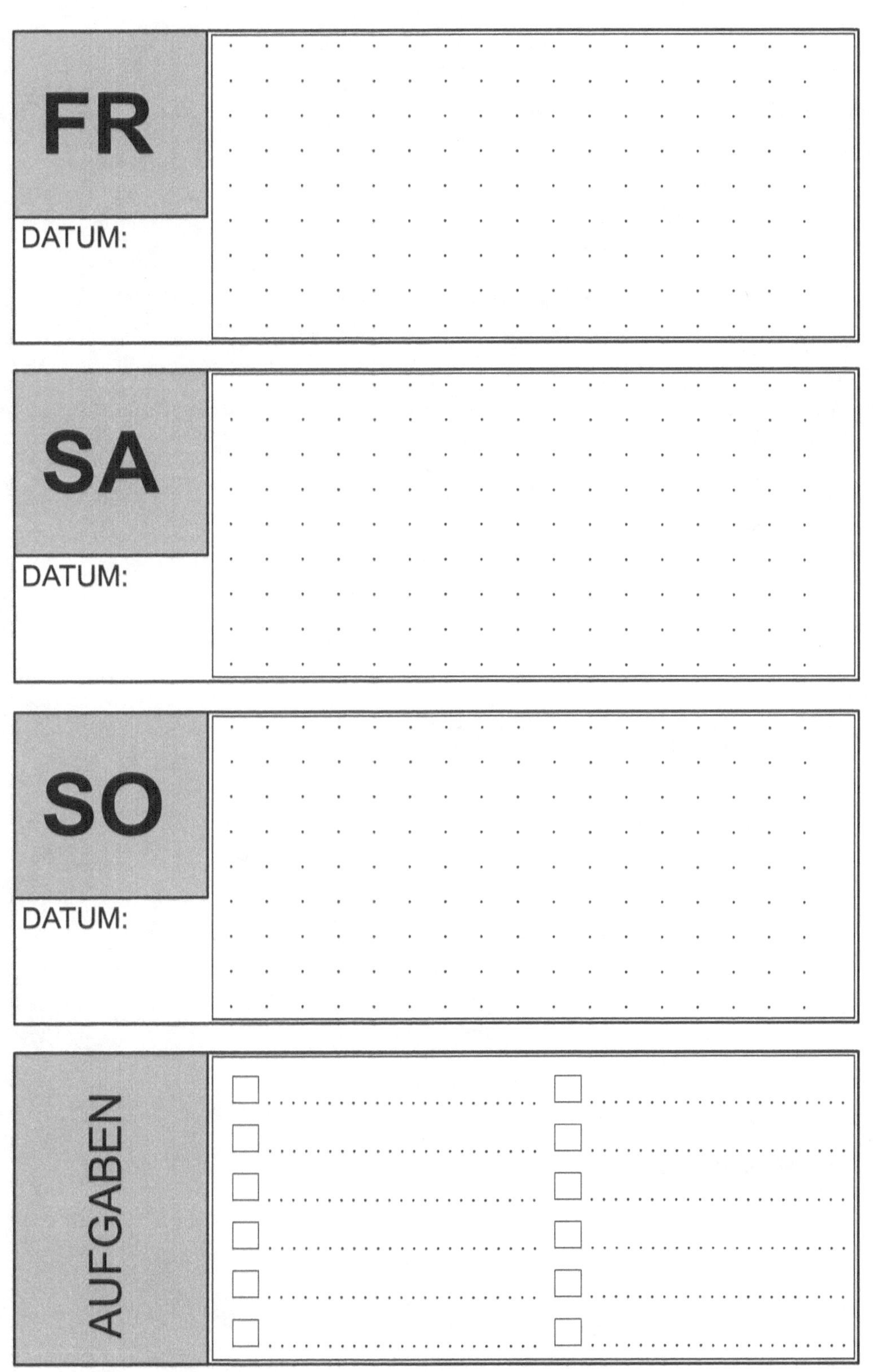
FR
DATUM:
SA
DATUM:
SO
DATUM:
AUFGABEN

DATUM:

DI

DATUM:

MI

DATUM:

DO

DATUM:

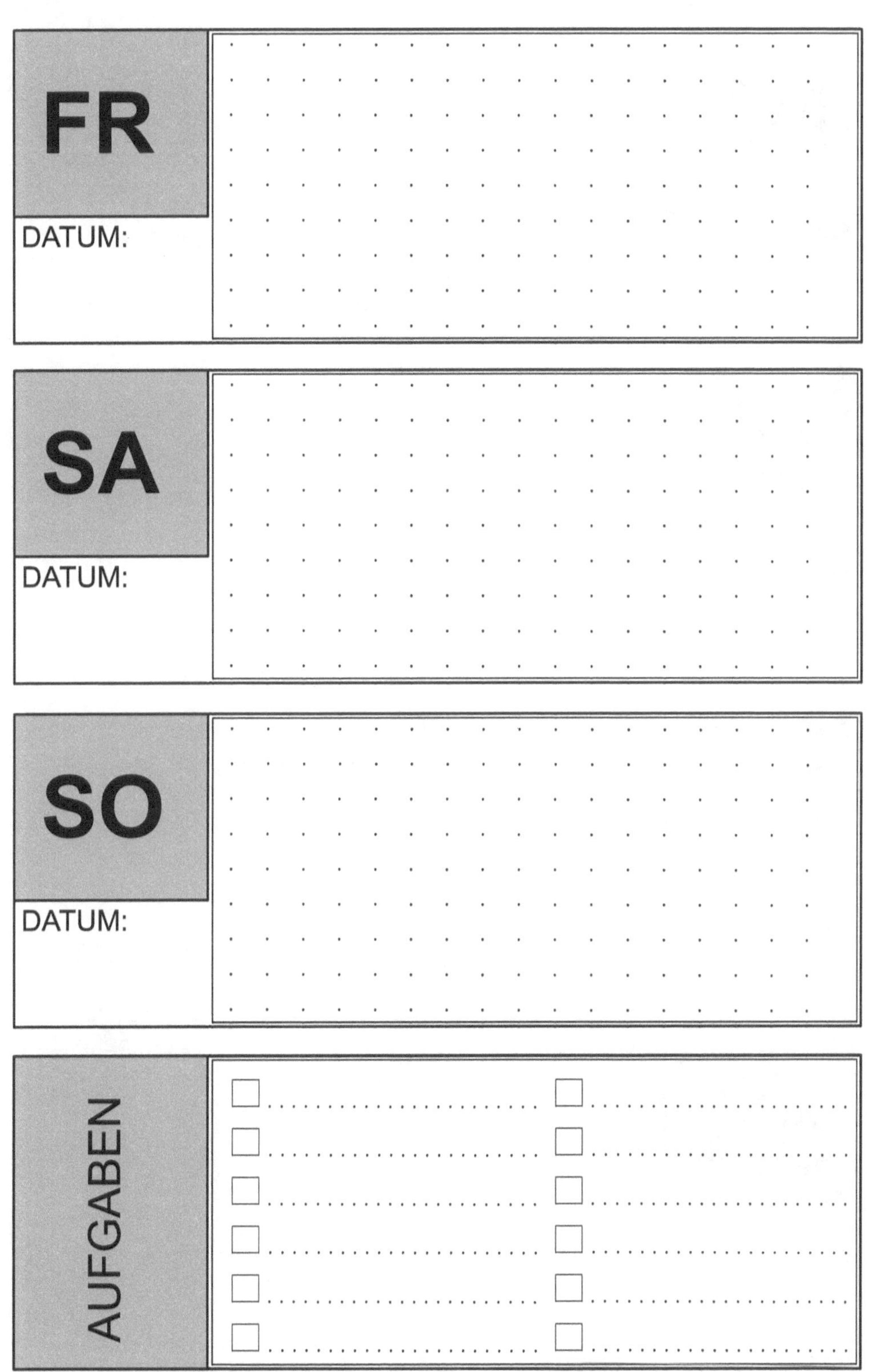
FR
DATUM:
SA
DATUM:
SO
DATUM:
AUFGABEN

MO

DATUM:

DI

DATUM:

MI

DATUM:

DO

DATUM:

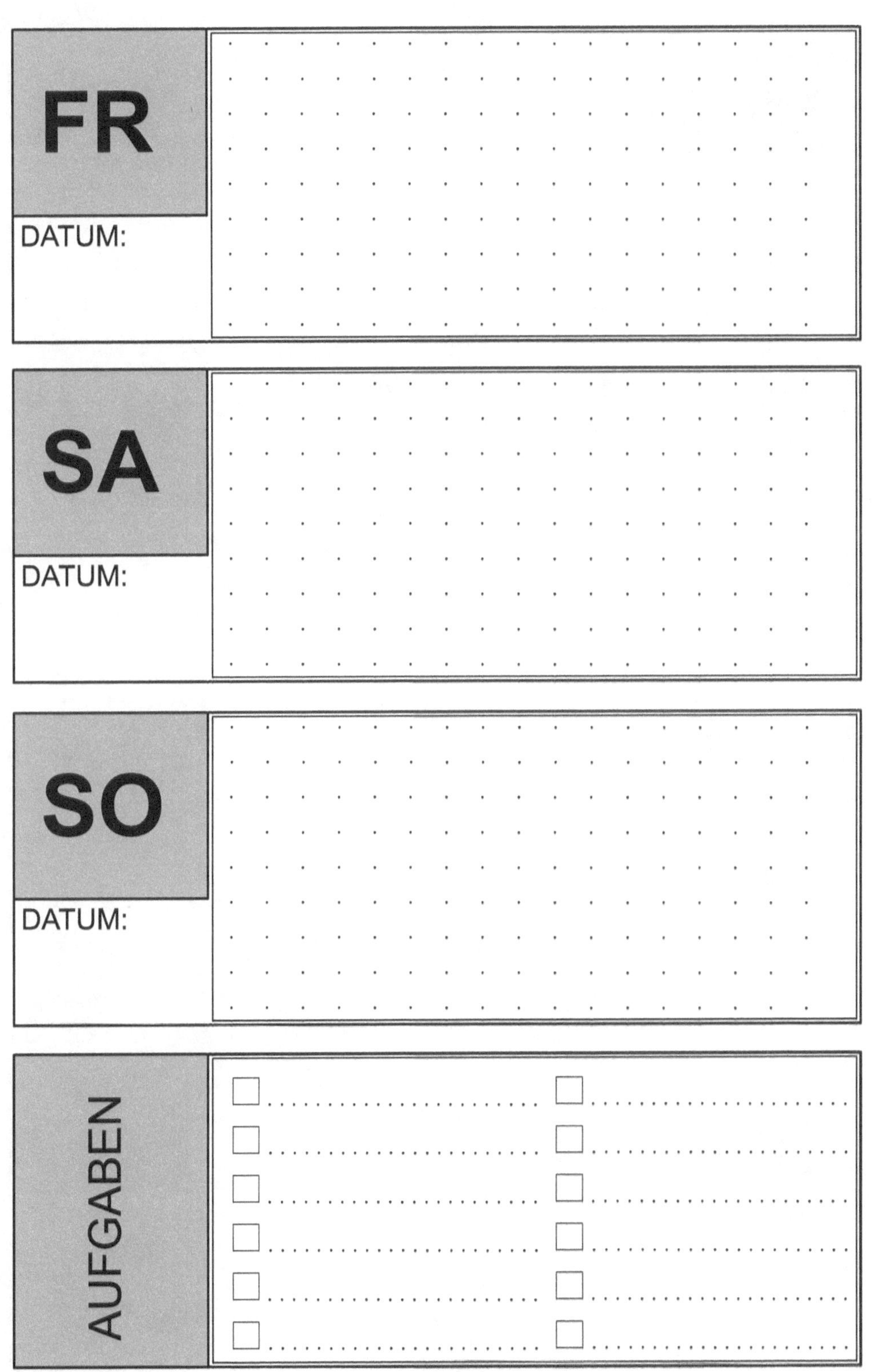
FR
DATUM:
SA
DATUM:
SO
DATUM:
AUFGABEN

**MO**

DATUM:

**DI**

DATUM:

**MI**

DATUM:

**DO**

DATUM:

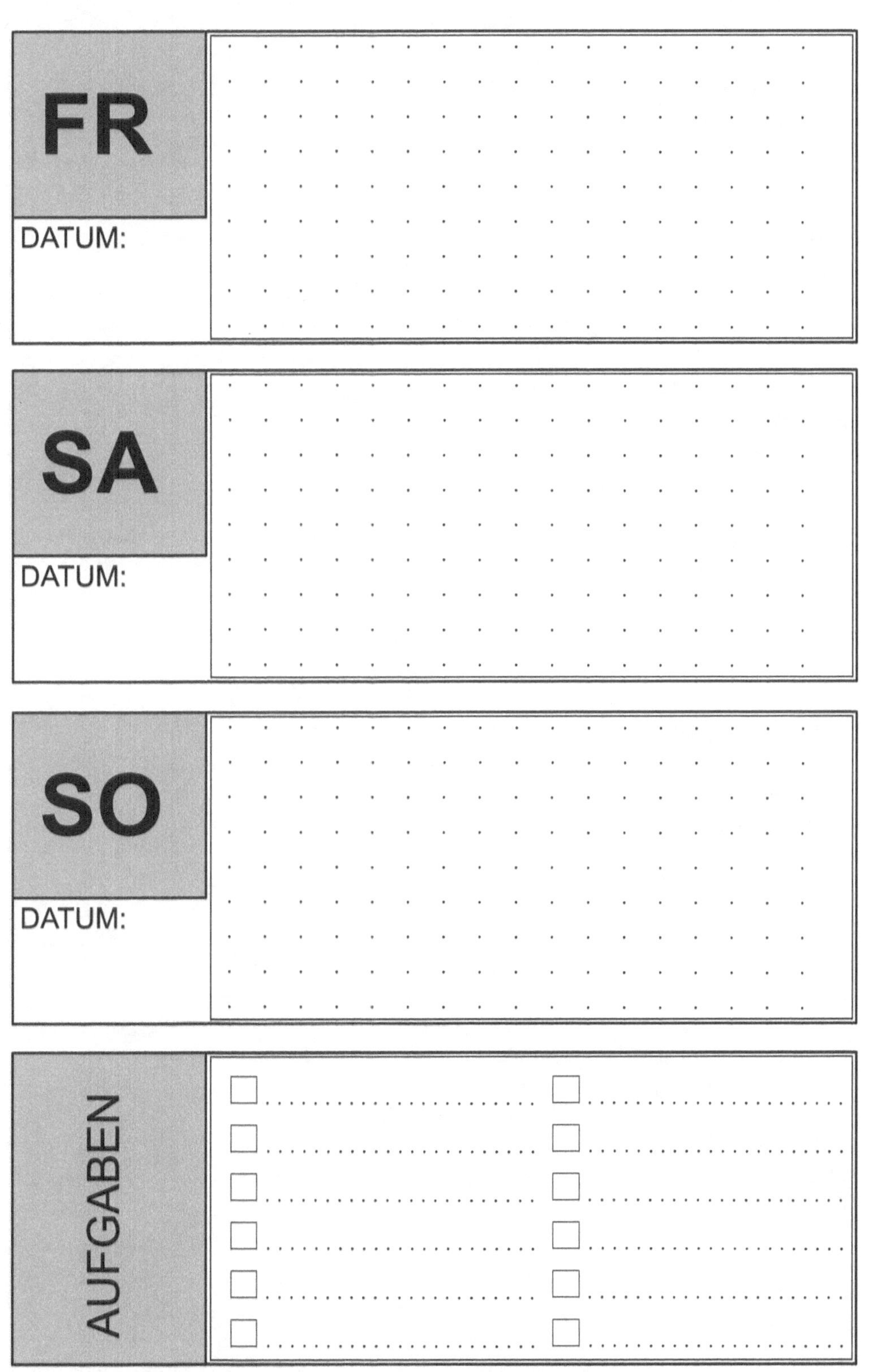
FR
DATUM:
SA
DATUM:
SO
DATUM:
AUFGABEN

DATUM:

DI

DATUM:

MI

DATUM:

DO

DATUM:

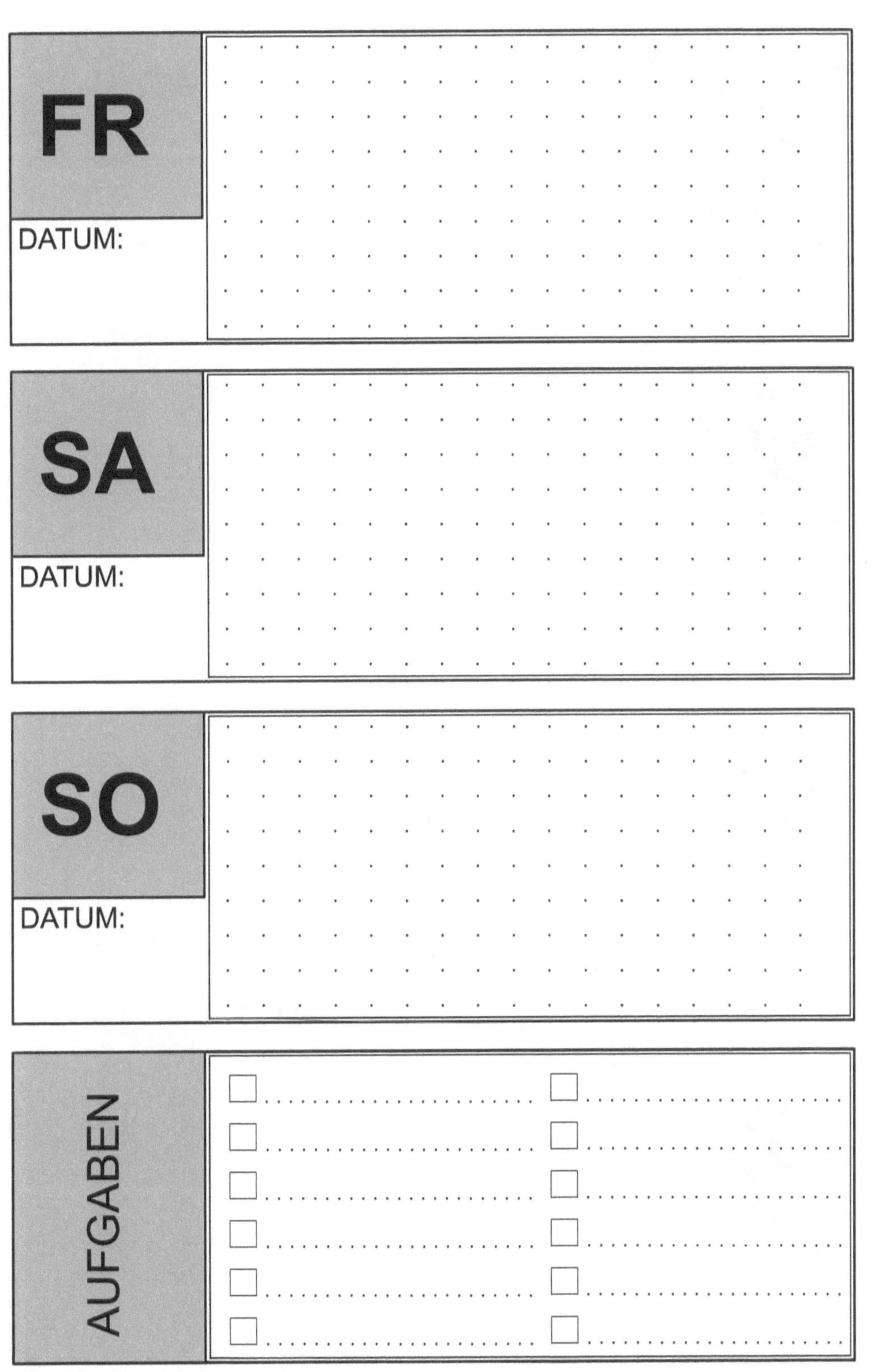
FR
DATUM:
SA
DATUM:
SO
DATUM:
AUFGABEN

MO

DATUM:

DI

DATUM:

MI

DATUM:

DO

DATUM:

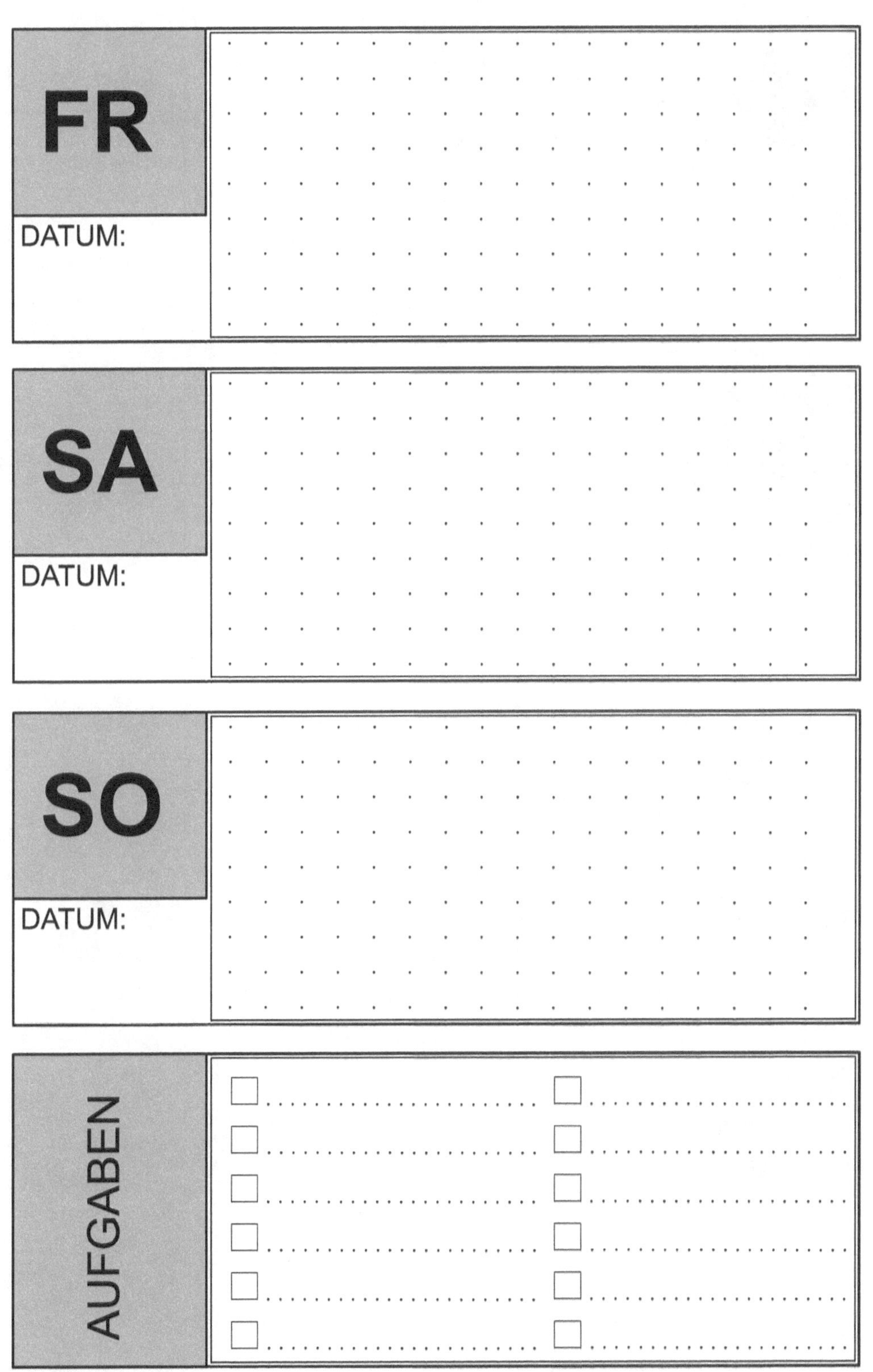
FR
DATUM:
SA
DATUM:
SO
DATUM:
AUFGABEN

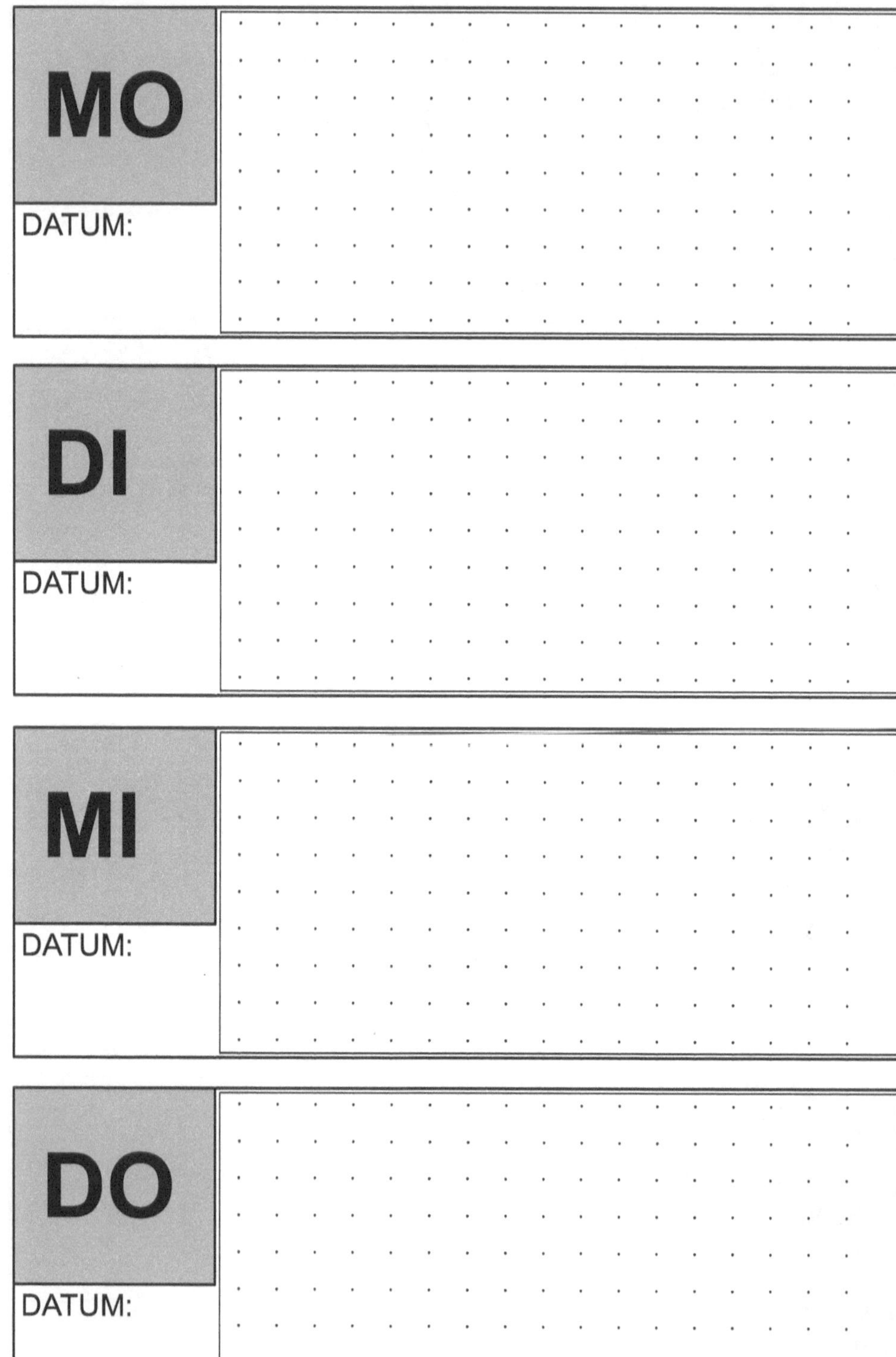
MO
DATUM:
DI
DATUM:
MI
DATUM:
DO
DATUM:

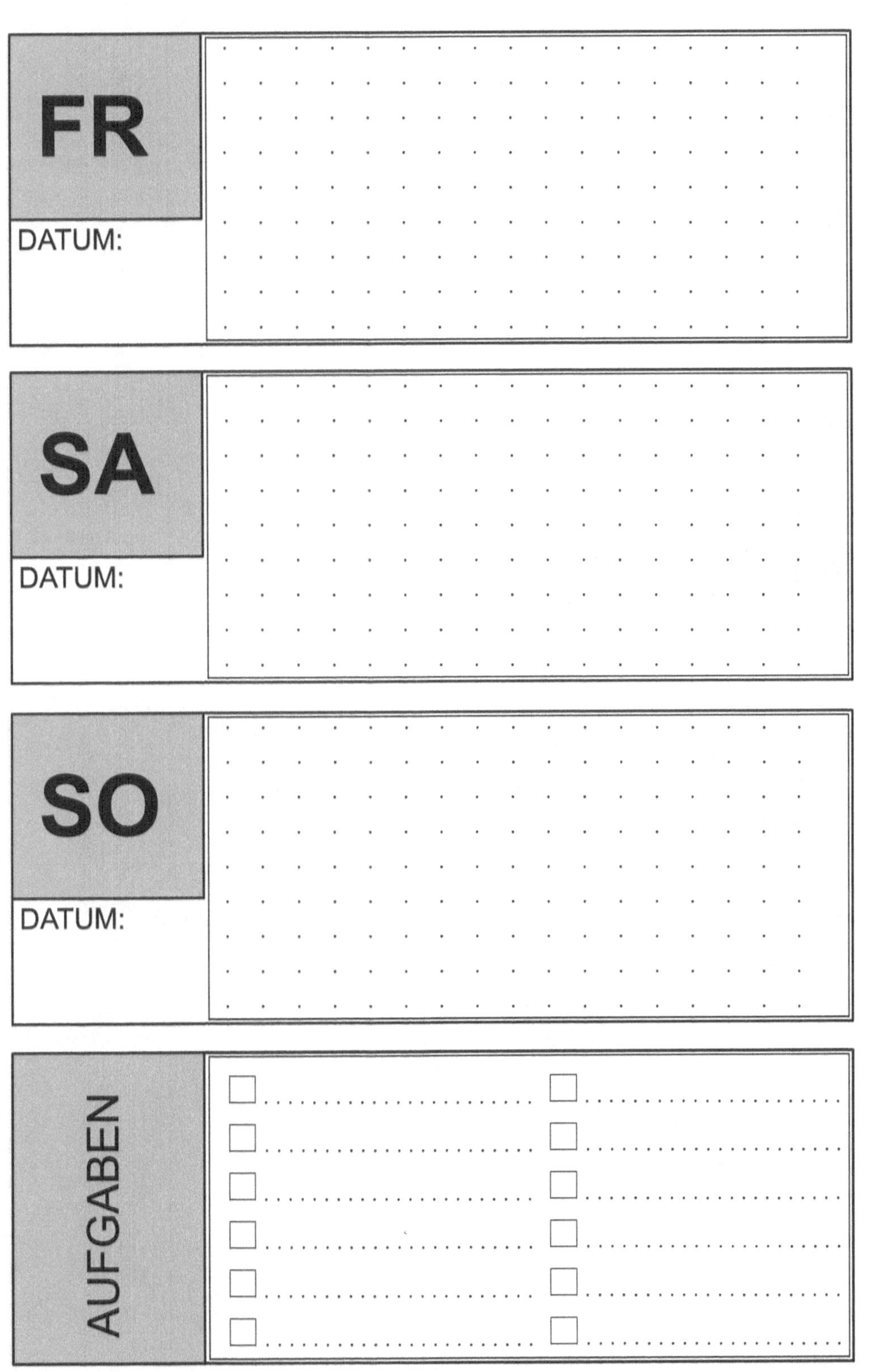
FR
DATUM:
SA
DATUM:
SO
DATUM:
AUFGABEN

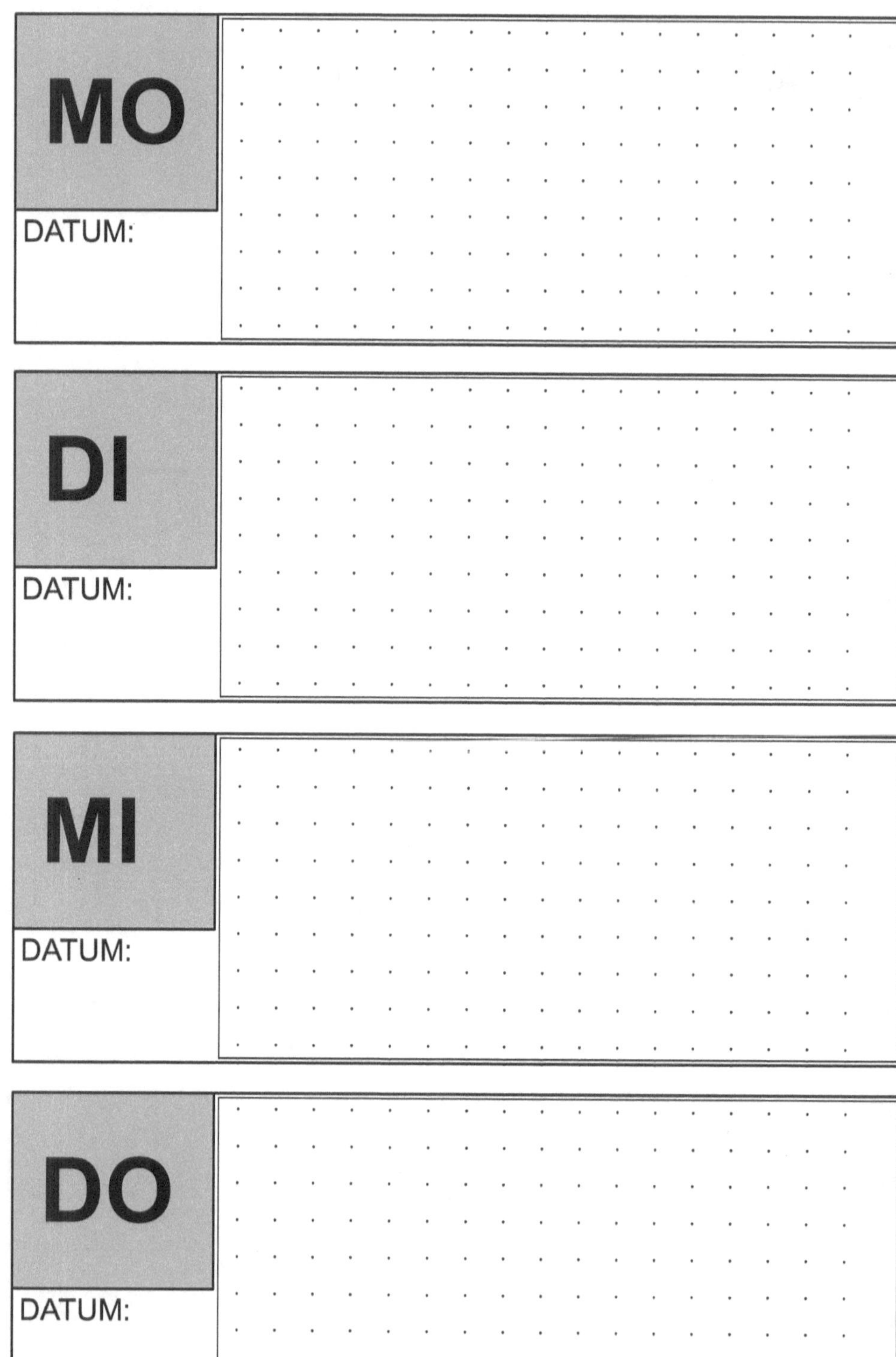
MO
DATUM:
DI
DATUM:
MI
DATUM:
DO
DATUM:

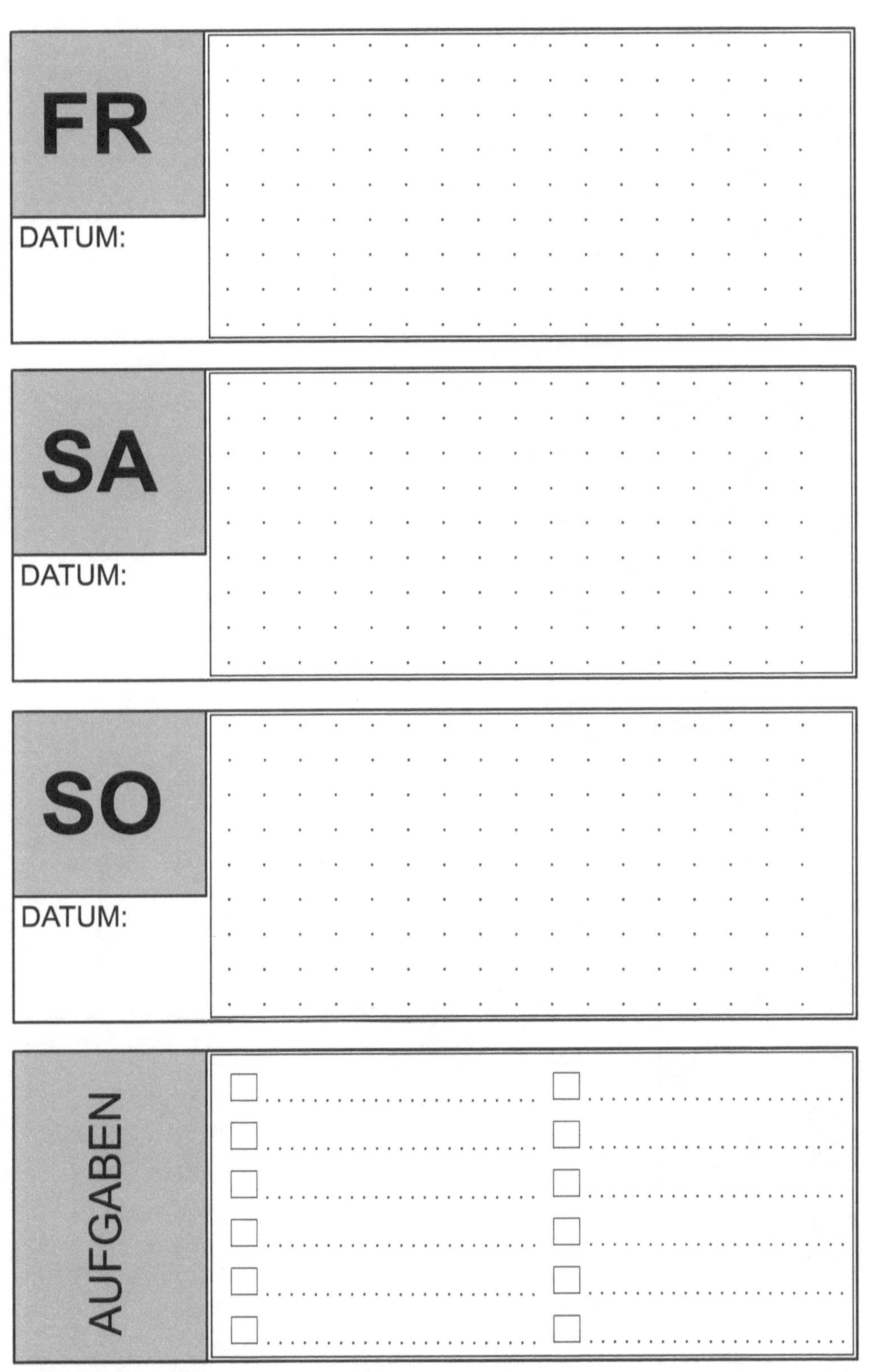
FR
DATUM:
SA
DATUM:
SO
DATUM:
AUFGABEN

MO

DATUM:

DI

DATUM:

MI

DATUM:

DO

DATUM:

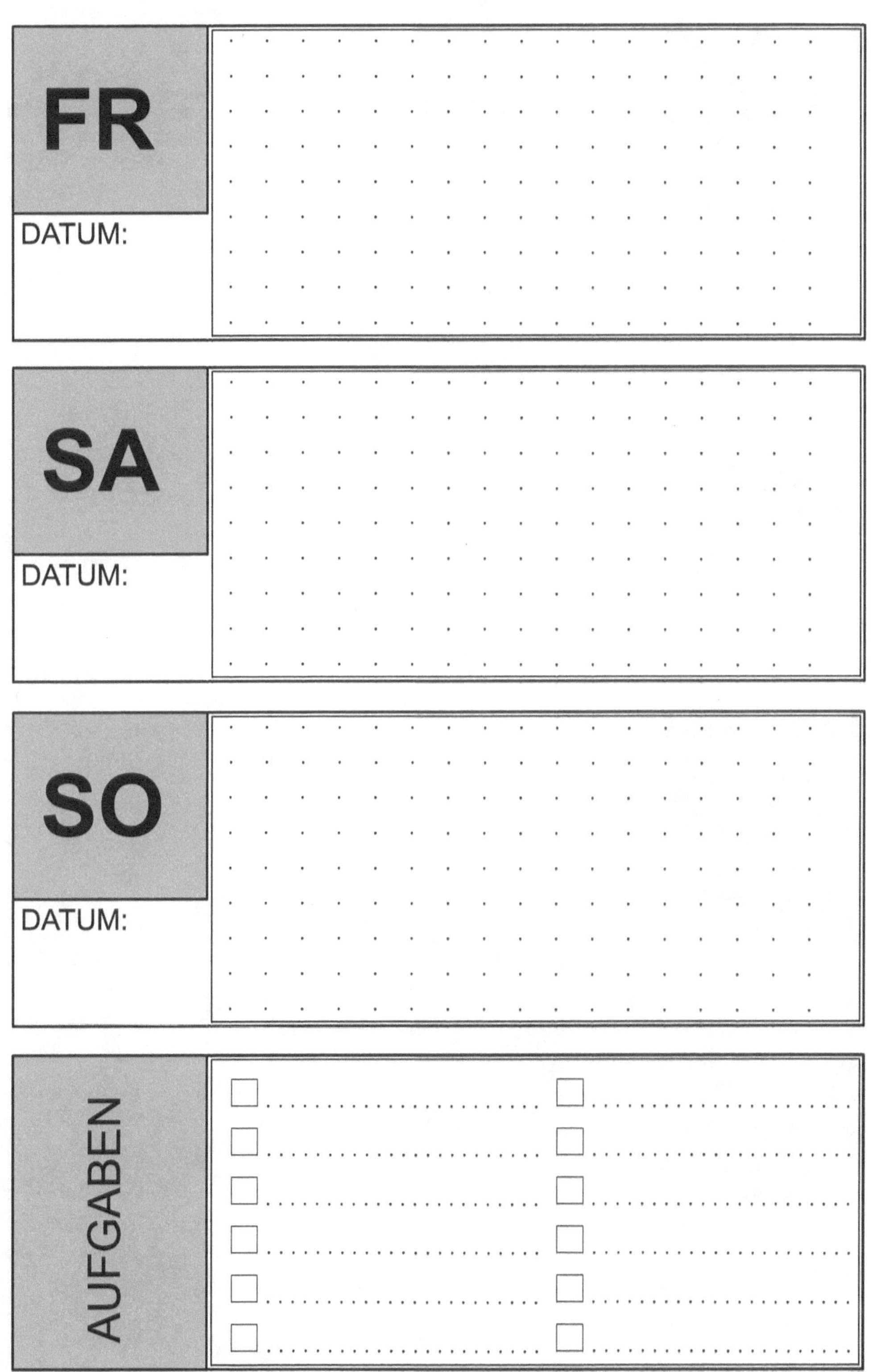
FR
DATUM:
SA
DATUM:
SO
DATUM:
AUFGABEN

DATUM:

DI

DATUM:

MI

DATUM:

DO

DATUM:

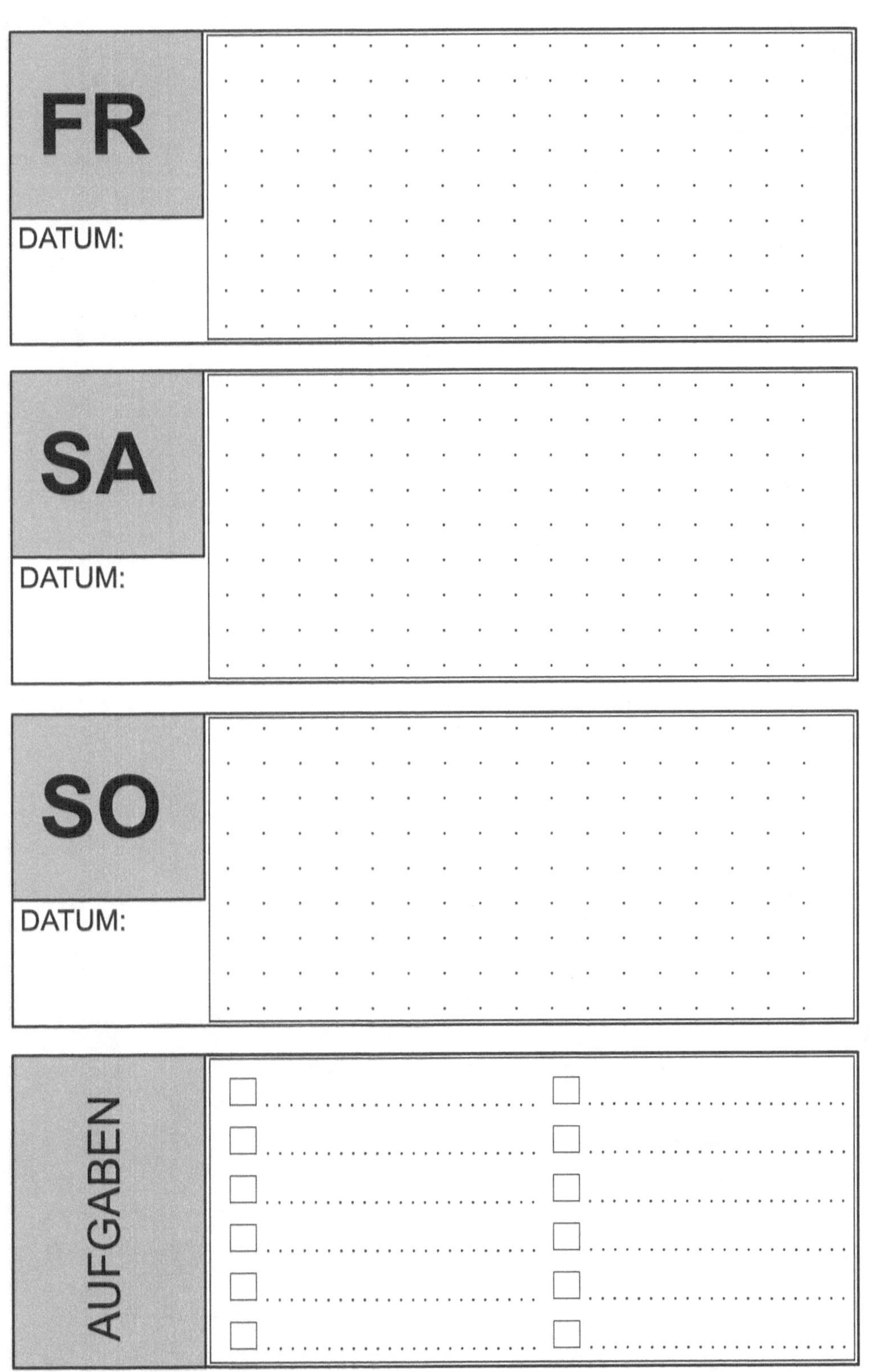
FR
DATUM:
SA
DATUM:
SO
DATUM:
AUFGABEN

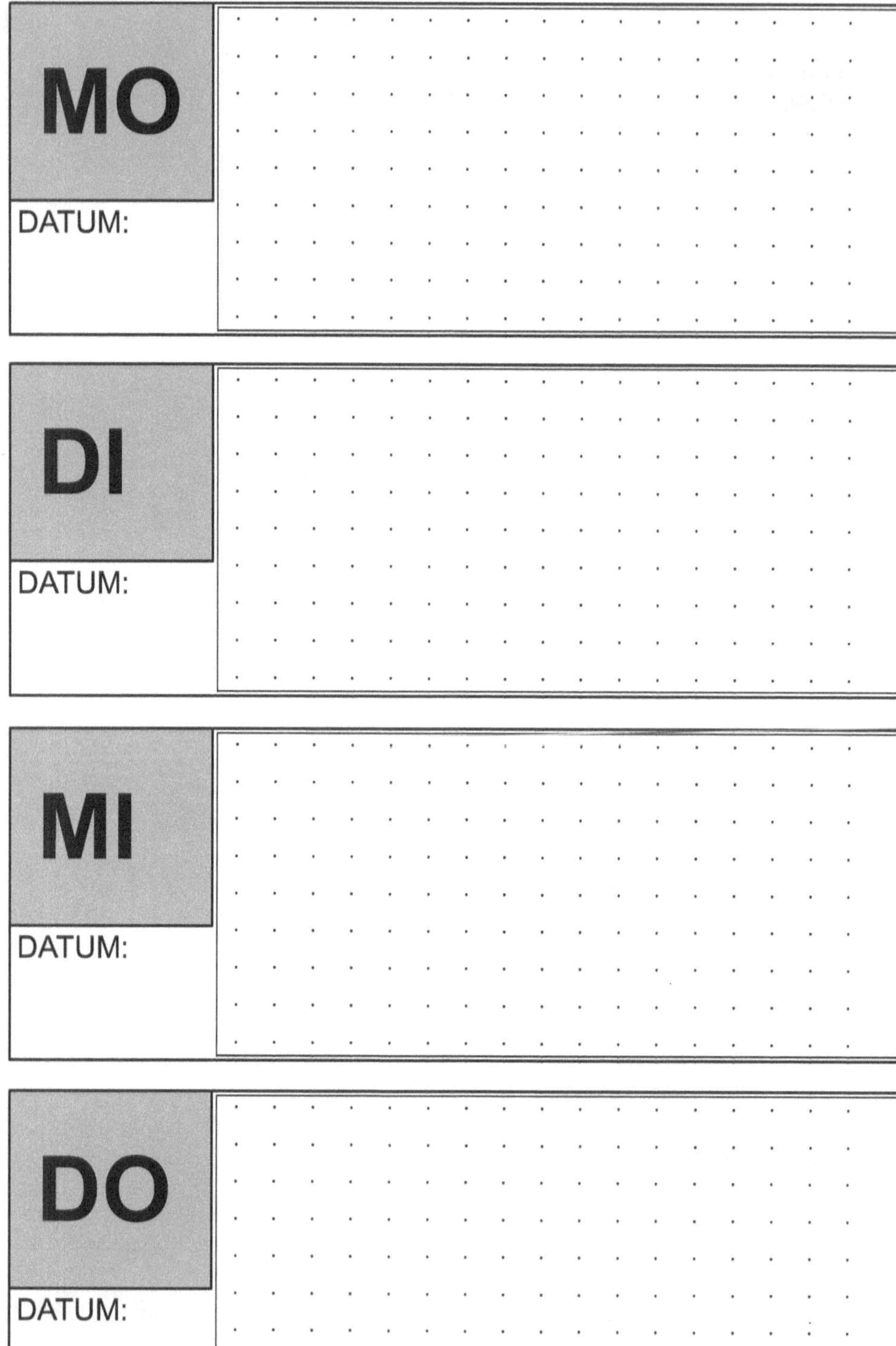
MO
DATUM:
DI
DATUM:
MI
DATUM:
DO
DATUM:

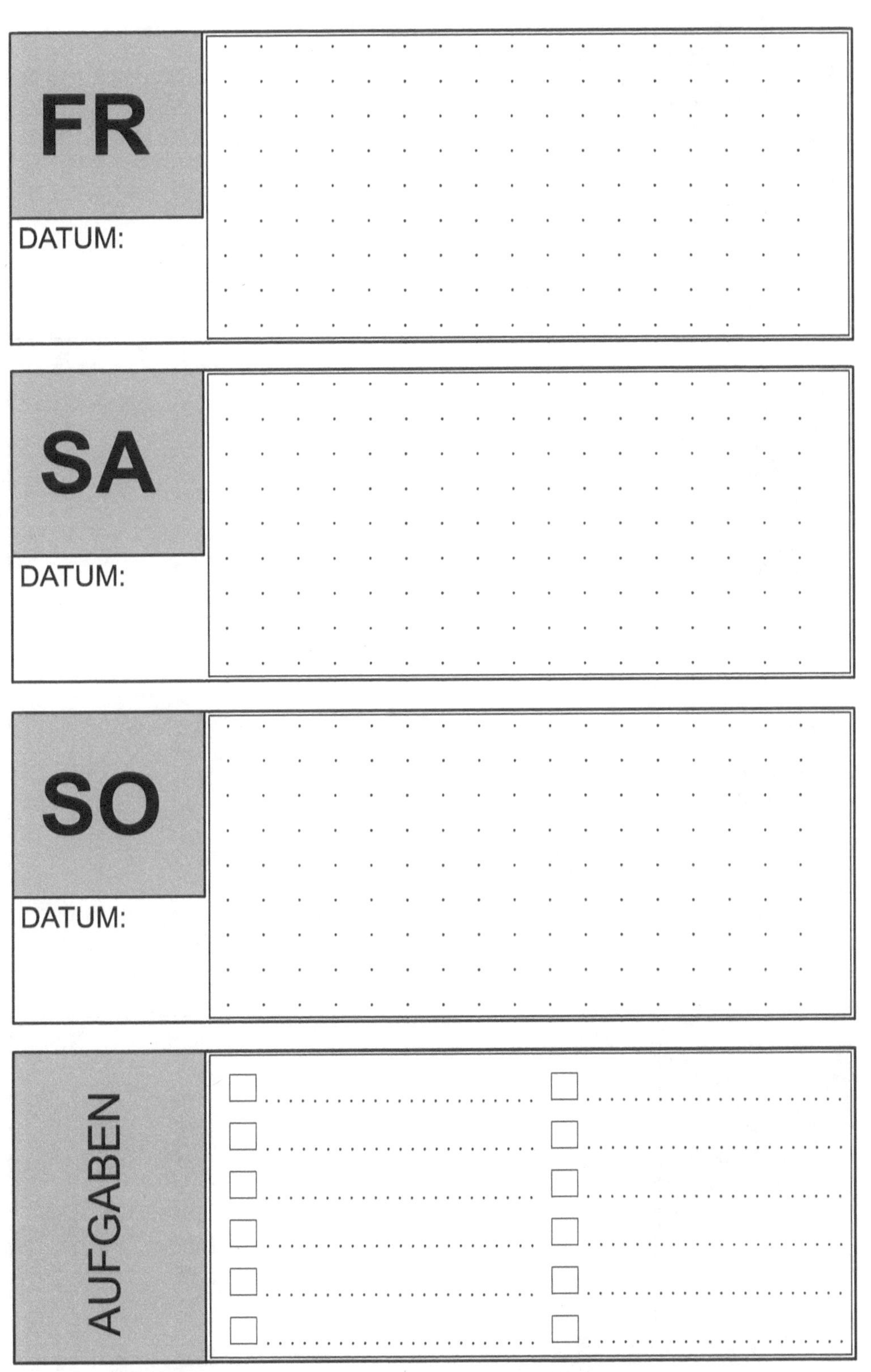
FR
DATUM:
SA
DATUM:
SO
DATUM:
AUFGABEN

MO

DATUM:

DI

DATUM:

MI

DATUM:

DO

DATUM:

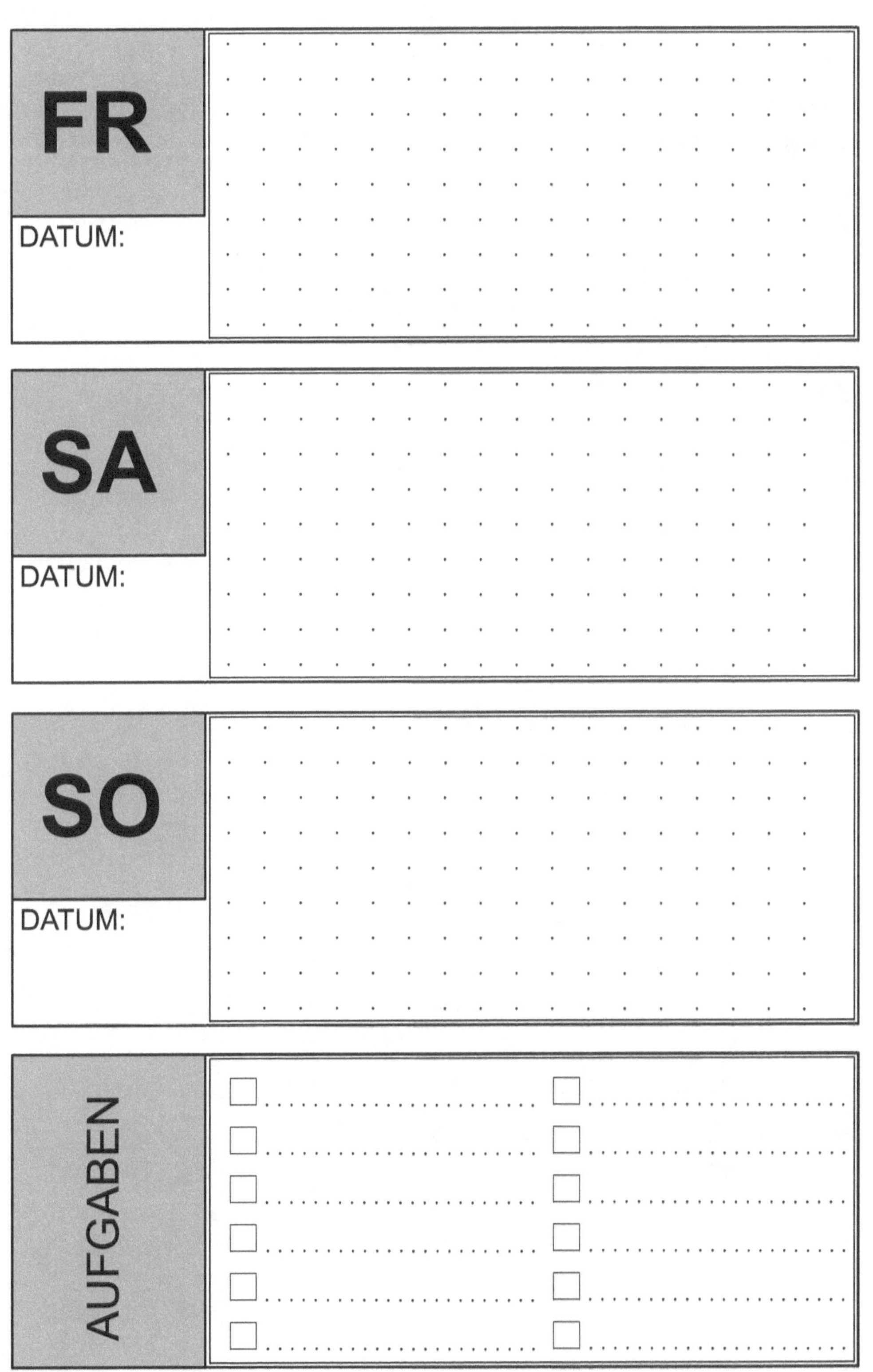
FR
DATUM:
SA
DATUM:
SO
DATUM:
AUFGABEN

**MO**

DATUM:

**DI**

DATUM:

DATUM:

DATUM:

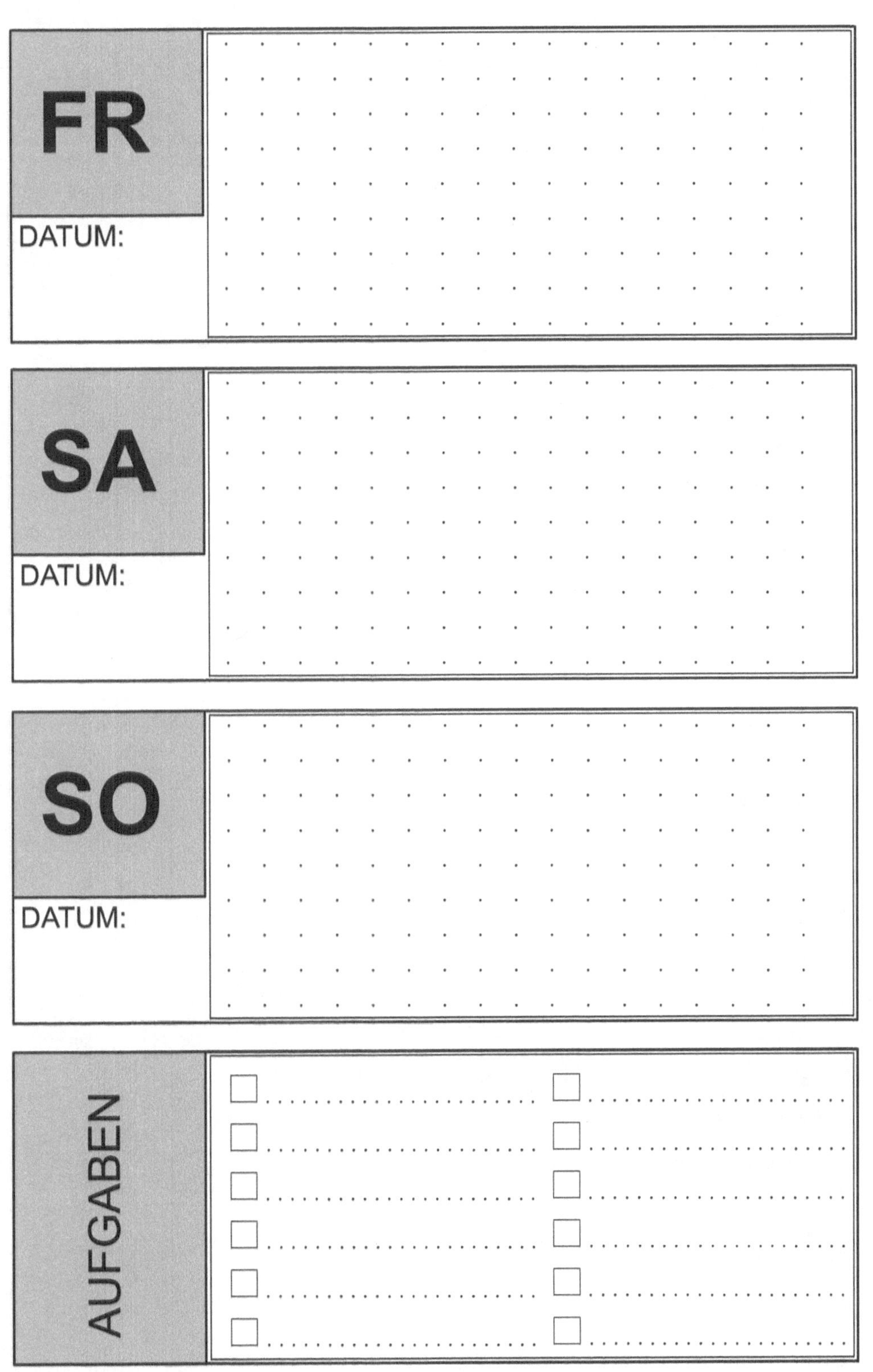
FR
DATUM:
SA
DATUM:
SO
DATUM:
AUFGABEN

DATUM:

# DI

DATUM:

# MI

DATUM:

# DO

DATUM:

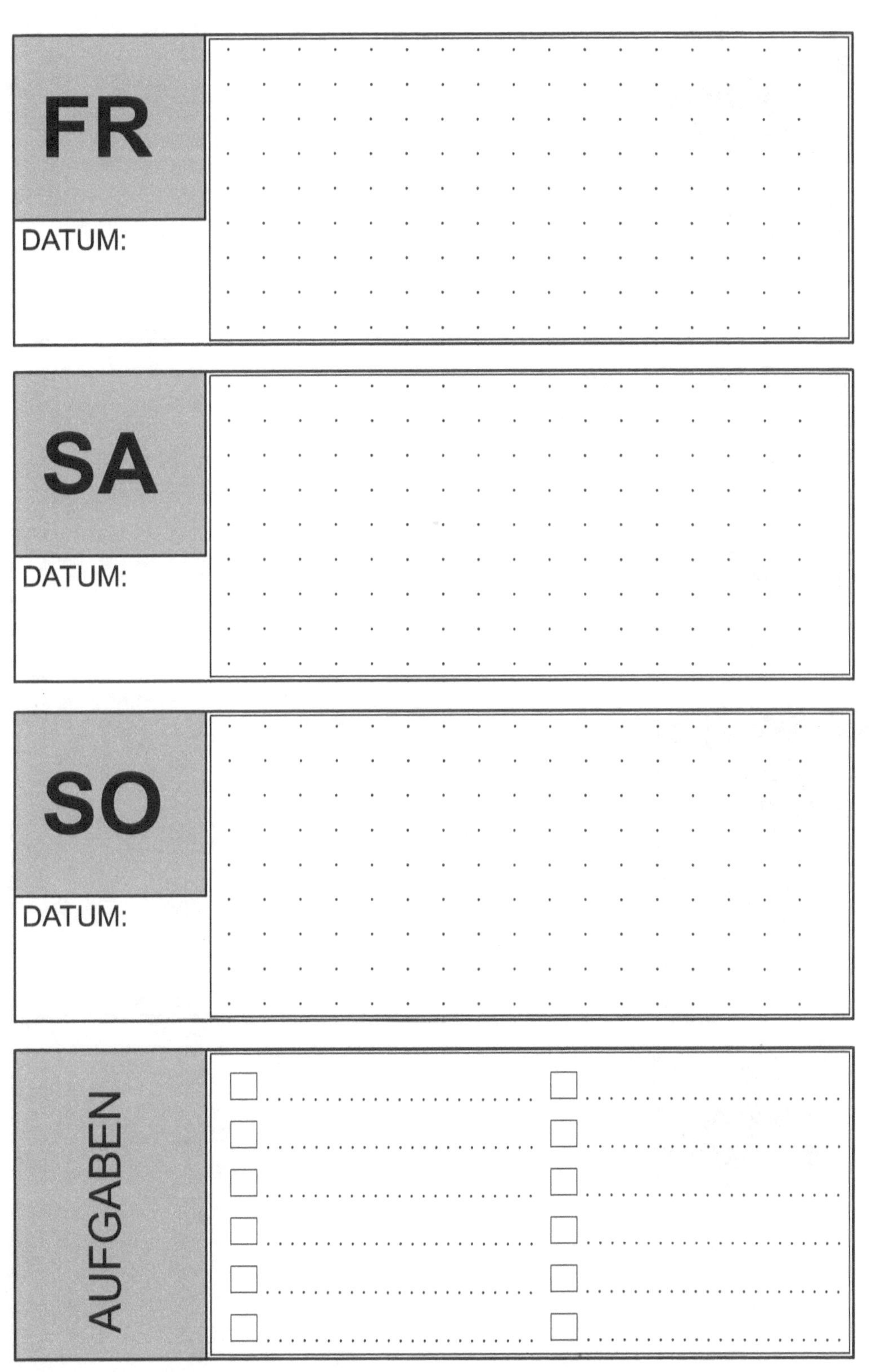
FR
DATUM:
SA
DATUM:
SO
DATUM:
AUFGABEN

MO

DATUM:

DI

DATUM:

MI

DATUM:

DO

DATUM:

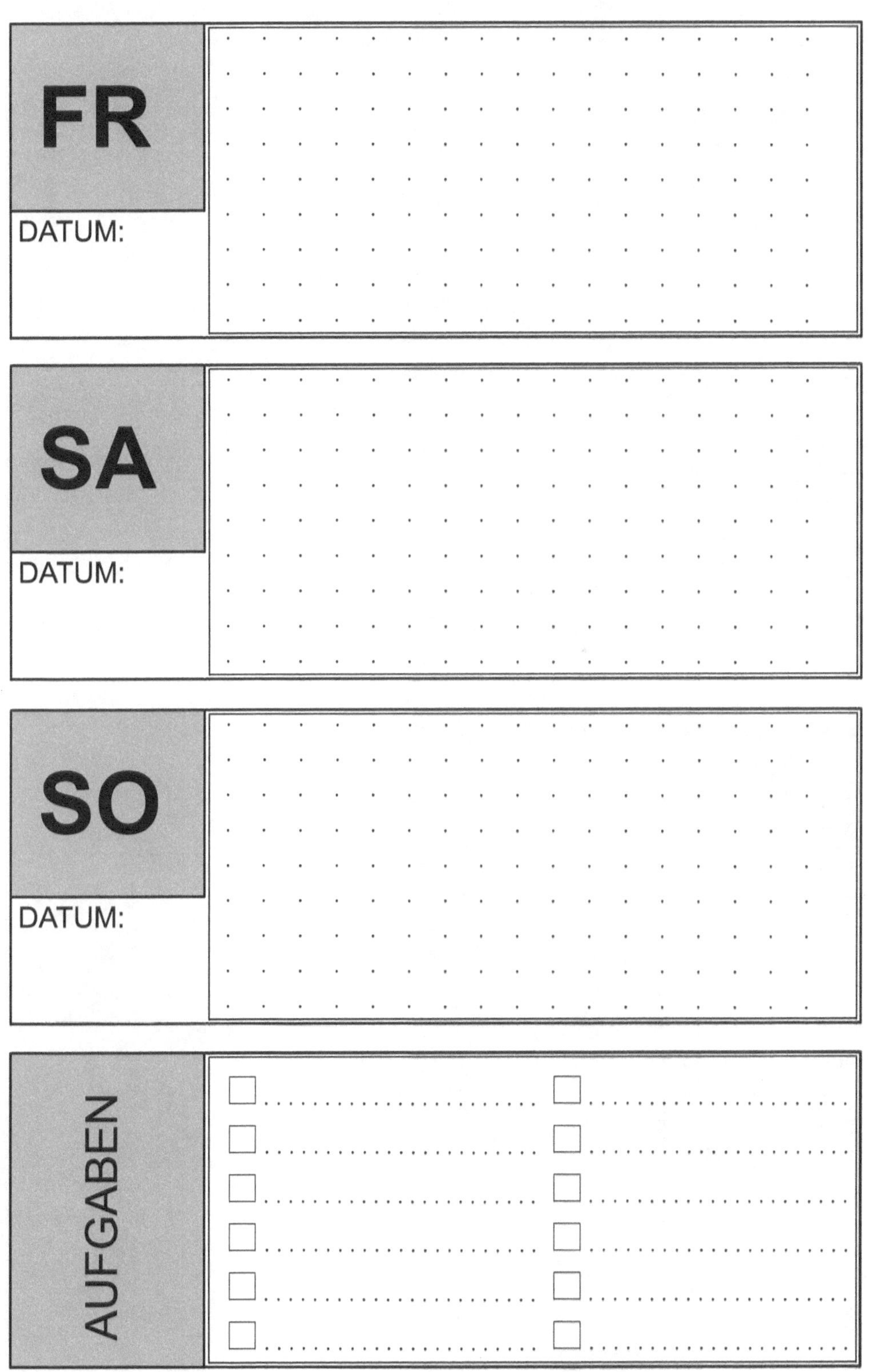
FR
DATUM:
SA
DATUM:
SO
DATUM:
AUFGABEN

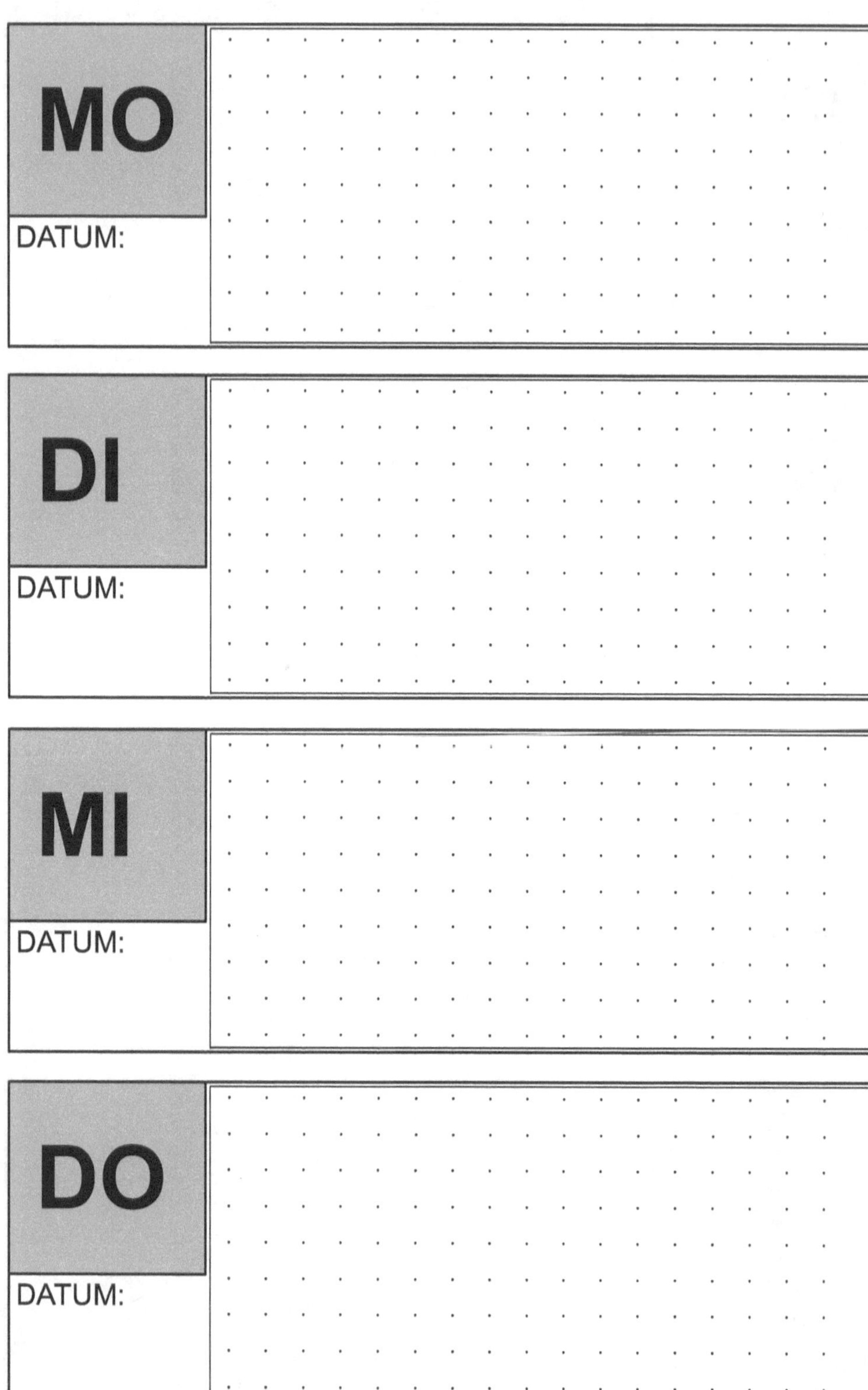
MO
DATUM:
DI
DATUM:
MI
DATUM:
DO
DATUM:

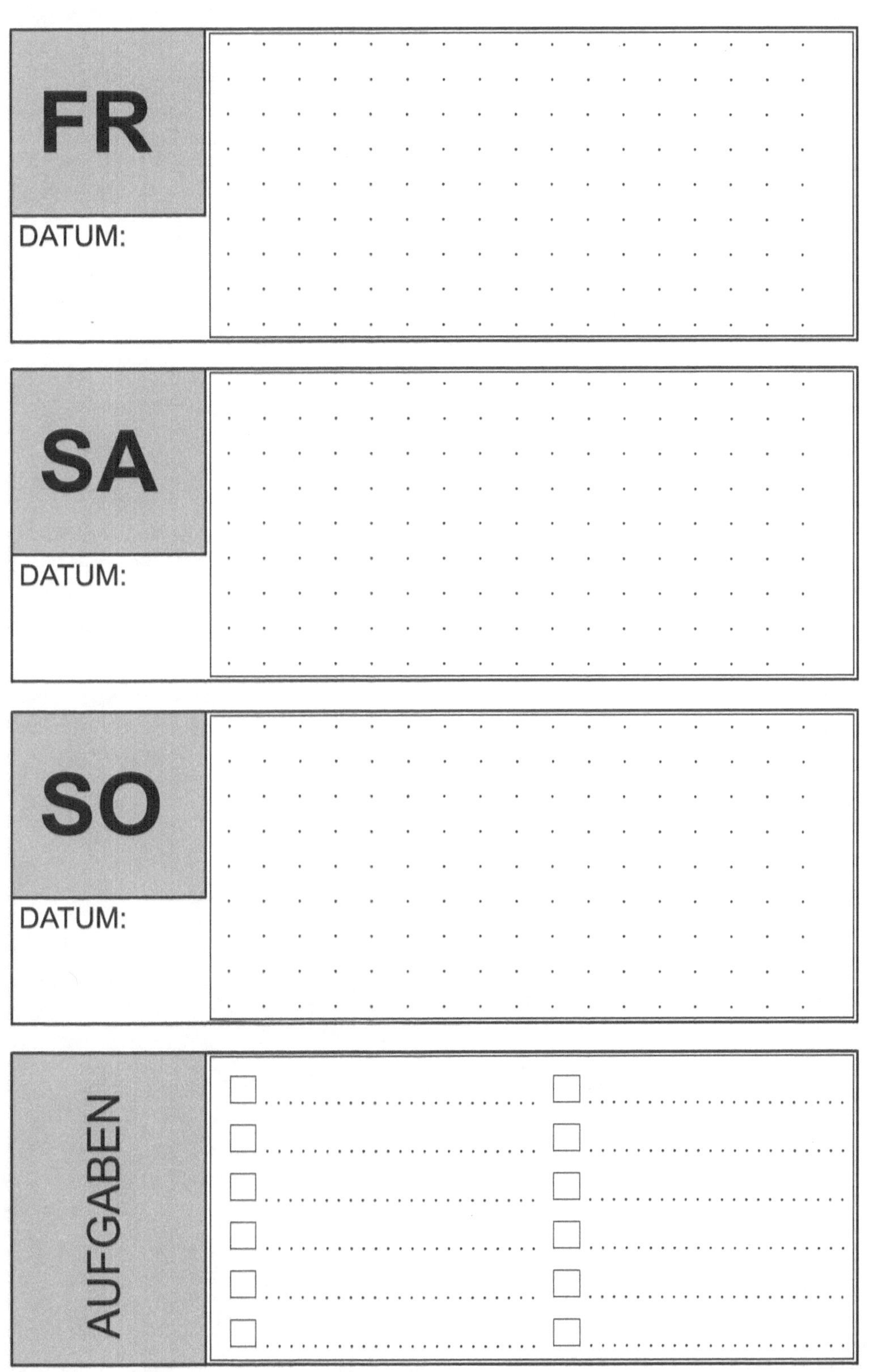
FR
DATUM:
SA
DATUM:
SO
DATUM:
AUFGABEN

www.ingramcontent.com/pod-product-compliance
Lightning Source LLC
Chambersburg PA
CBHW051437140726
47987CB00006B/2412

*9798600160965*